KB264271

누구나
쉽고 재미있게

사고력 수학

노크

D7
(11~12세)

입체도형

이 책을 보시는 부모님들께

머리가 좋아야 수학을 잘 한다는 말이 있습니다. 또, 수학을 잘 못하는 아이는 아빠, 엄마의 머리를 물려받아서 그렇다는 등의 난데없는 유전자 논쟁이 벌어지기도 합니다. 하지만 많은 사람들의 일반적인 생각과는 달리 이는 근거없는 이야기입니다. 외국의 한 연구 기관에서 언어, 사회, 수학, 과학의 네 가지 분야 중 어떤 것이 아동의 선천적 재능에 영향을 받는지 조사한 연구 결과를 발표했는데 일반적인 예상과는 다르게 선천적 재능에 영향을 받는 순서는 사회, 언어, 과학, 수학 순이었습니다. 다시 말해, 수학은 여러 학문 분야 중 선천적인 재능보다는 후천적인 환경이나 교육자, 학습자의 노력에 가장 큰 영향을 받는 학문이라 볼 수 있습니다. 수학의 가장 기본이 되는 '수 영역'의 예를 들어 보겠습니다. 아이들이 수를 처음 접하는 시기의 차이는 있지만 실제 수에 대한 감각과 수를 다루는 연습은 생활 속에서의 체험이나 다양한 활동, 학습 속에서 이루어집니다. 즉, 수학의 가장 기본이 되는 수는 선천적으로 가진 재능과는 거의 연관이 없으며 자라나면서 어떤 환경에 놓이는지, 얼마나 많이 수를 생각할 수 있는 기회가 있는지, 나이에 맞는 올바른 학습을 만날 수 있는지에 좌우됩니다. 그러므로 아이의 수학적 발달에 문제가 있다면, 그 아이가 누구를 닮아서 그런지, 지능이 떨어지는지를 따질 것이 아니라 수학적 힘을 기를 수 있는 학습 환경을 어떻게 만들어줄 것인가를 고민해야 합니다.

국제영재교육연구소의 랜즐리 소장은 영재의 기준을 마련하기 위해 여러 연구를 시행한 결과, 영재의 공통적인 특징들을 발견하였습니다. 첫째는 115 이상의 지능지수(IQ), 둘째는 창의력(Creativity), 셋째는 동기적 요소라고 부르는 끈질긴 근성과 과제집착력이었습니다. 이들 세 가지 요소 역시 선천적으로 타고 나는 부분도 물론 있겠지만 대부분 후천적인 학습이나 교육 활동을 통해 기를 수 있는 능력이라는 데에 이의를 제기하기는 힘듭니다.

이처럼 수학적 능력은 후천적 학습 환경에 주로 좌우되며, 특히 어린 시절에는 그러한 경향이 더더욱 두드러집니다. 하지만 우리의 아이들을 둘러싼 수학적 환경을 다시 한 번 돌아봅시다. 초등학교를 들어가기 전부터 과도한 학습량과 무의미한 반복 활동, 이후의 수학 학습에 오히려 방해가 될 정도로 무리한 선행 학습 등의 환경은 아이의 수학적 힘을 길러주기보다는 수학에서 가장 중요한 창의적 사고력을 기를 수 있는 기회를 박탈함과 동시에 수학에 대한 흥미를 급속하게 떨어뜨리게 하여 수학으로 문제를 해결하려는 의지, 즉 수학적 동기를 스스로에게 부여하는 것을 불가능하게 만들어 버립니다. 중요한 것은 남들보다 먼저, 그리고 더 많이 수학적 지식을 머리 속에 주입하는 것이 아니라 태어나서부터 누구나 가지고 있는 수학에 대한 관심, 그리고 수학으로 생각하는 힘을 일깨워주는 것입니다.

수학을 잘할 수 있는 힘,

수학적 잠재력은 이미 여러분 아이들의 머릿 속에 줄곧 있어왔습니다. 단지 어떤 아이는 그것을 찾아내어 드러낼 수 있었고, 어떤 아이는 꼭꼭 숨긴 채 평생 드러나지 않을 뿐입니다. 이러한 수학적 잠재력에 대한 참신한 자극 – 생각을 두드리는 '노크'를 제안하려 합니다. '노크'는 수학적 지식과 스킬만을 무리하게 밀어넣지 않습니다. 왜 수학을 해야 하고, 어떻게 수학으로 가능한지 끊임없이 스스로 생각하게하는 계기로서의 활동이 되려 합니다. 일상으로부터 괴리된 학문으로서의 수학이 아닌, 삶을 살아가며 반드시 키워야 할 논리적, 합리적 사고력을 기를 수 있는 누구에게나 가장 중요한 경쟁력으로서의 수학을 주장합니다. '노크'야말로 새로운 수학 학습의 길을 보여주는 방향타가 될 것입니다.

한 현 조

똑!똑! 사고력 수학 노크의 구성

시작 : 생각열기

사고력 수학 주제에 맞는 수학적 상황, 수학사, 생활 속 수학 이야기 등의 자유로운 형식으로 흥미를 유발하고, 수학적 사고를 자극하는 주제별 프롤로그

노크 포인트

문제 해결의 핵심적 원리를 '콕!' 집어서 간결하게 요약한 사고력 수학 주제별 포인트

전개 : 유형 탐구

사고력 수학의 대표 유형을 노크만의 새로운 방법으로 차근차근 한 단계씩 익히고 해결하는 단계적 유형 탐구와 이를 통해 익힌 방법적 원리를 적용, 확장하는 확인 문항

수학 요정들의 친절한 충고와 꼬마 요괴들의 밉살스럽지만 유용한 조언으로 어려운 발전 문항의 해결을 돕는 문제 해결 도우미 박스

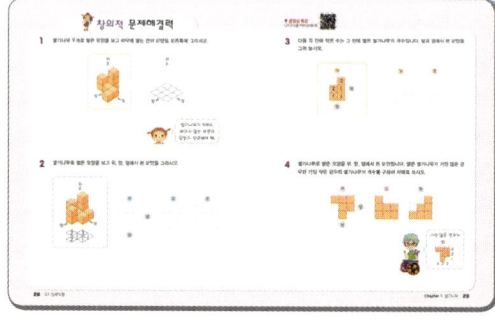

발전 : 창의적 문제해결력

3개의 사고력 수학 주제를 갈무리하는, 한 차원 높은 창의력과 복합적인 사고력을 요구하는 발전 문항의 끝판왕

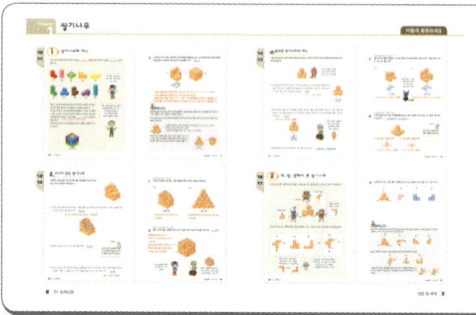

마무리 : 정답 및 해설

본문에 그대로 첨삭된 정답과 간략한 풀이 과정을 통한 사고력 수학 활동 피드백으로 마무리

노크
캐릭터 소개

애니메이션

지식을 되찾기 위해 노크랜드로 떠난 모험가 친구들

일단 저지르고 보는 거야!

난 궁금한 건 절대 못 참아.

침착하게 위기를 벗어나야 해.

생각으로 아주 멀리까지 날아가.

태경
활동파 리더

지오
호기심 공주

초이
조용한 전략가

아인
꼬마 천재

마법사 멀린과 수학 요정

 **마법사 멀린**

노크랜드의 지식의 수호자. 지식을 파괴하려는 대마왕의 음모에 맞서 모험을 떠난 친구들의 든든한 조력자.

아르키메데스

페르마

플라톤

파스칼

피타고라스

가우스

유클리드

오일러

대마왕과 꼬마 요괴

대마왕

노크랜드의 지식의 파괴자. 세계를 차지하기 위해 모든 지식을 없애버리려고 하는 요괴들의 두목.

따소리

한입

장난

잘난척

딴짓

멍하니

잠만자

대충이

산만해

울보

거꾸로

뛰어

이 책의 차례

Chapter 3

정육면체

Chapter 4

입체도형

Chapter 1

쌓기나무

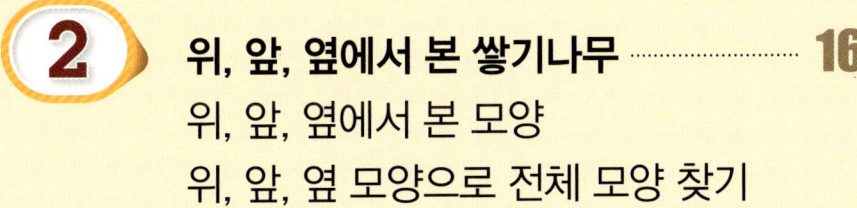

쌓기나무의 개수

쌓기나무 **3**개를 붙여 만든 모양을 트리큐브, **4**개를 붙여 만든 모양을 테트라큐브라고 합니다.

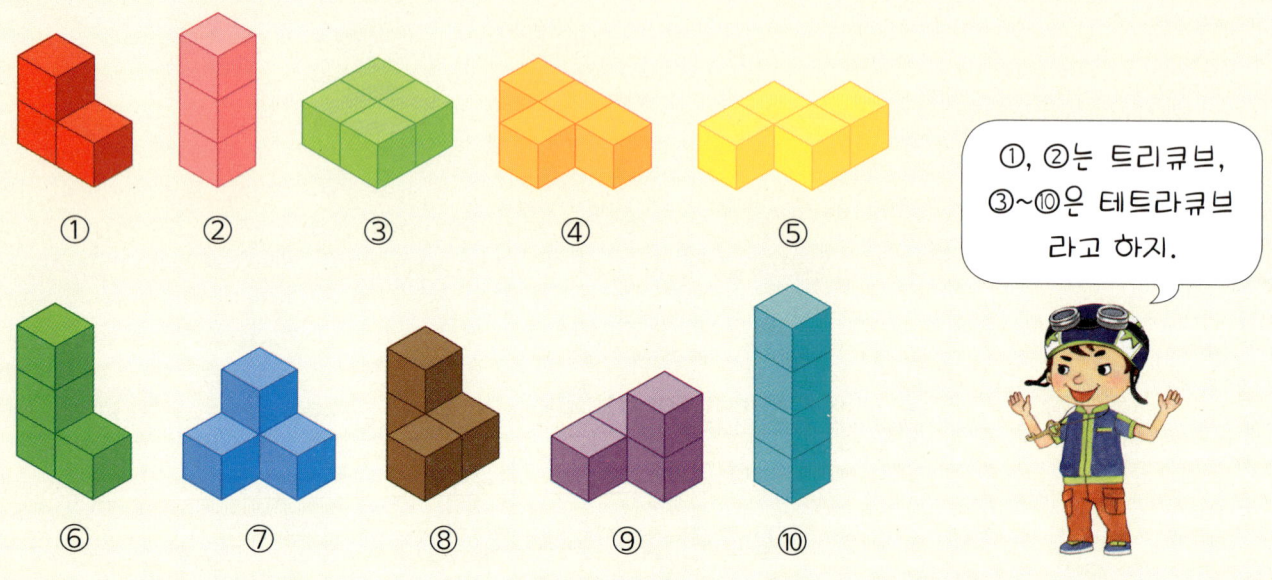

① ② ③ ④ ⑤

⑥ ⑦ ⑧ ⑨ ⑩

①, ②는 트리큐브, ③~⑩은 테트라큐브 라고 하지.

덴마크 출신의 물리학자이자 수학자인 피에트 하인은 강의를 듣던 중 하나의 퍼즐을 고안하게 됩니다.
피에트 하인은 트리큐브와 테트라큐브 **10**조각 중에서 ②, ③, ⑩ 조각을 제외한 **7**개의 조각으로 커다란 정육면체를 만들고, 이 퍼즐을 소마큐브라고 이름붙였습니다.
정사각형 모양의 면 6개로 둘러싸인 도형
7개의 조각으로 정육면체를 만드는 방법은 **240**가지나 됩니다.

작은 정육면체를 이어 붙여 다양한 모양을 만든 후, 이 모양을 사용하여 커다란 정육면체를 만드는 방법이 있을까?

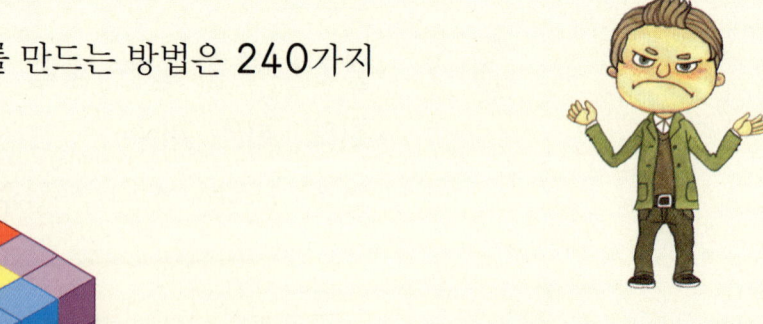

소마 큐브

소마큐브 몇 조각을 사용하여 (가) 모양을 만들었습니다. (나) 모양과 같은 정육면체를 완성하려면 소마큐브 몇 조각이 더 필요합니까?

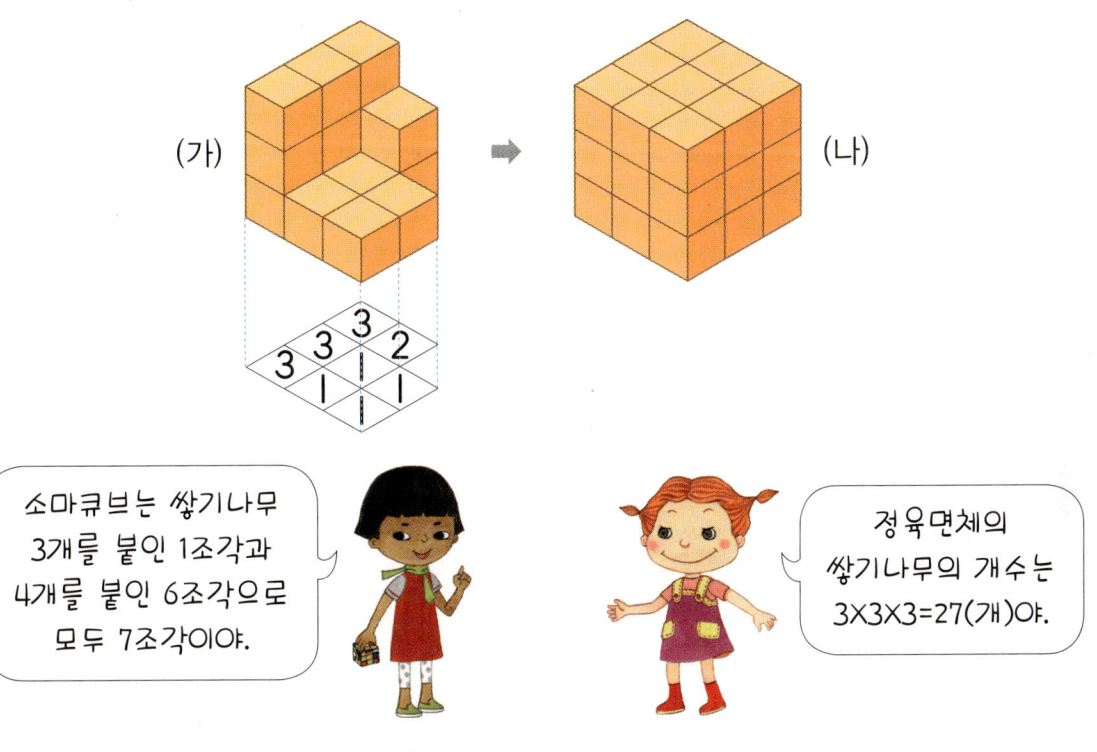

(가)　　➡　　(나)

소마큐브는 쌓기나무 3개를 붙인 1조각과 4개를 붙인 6조각으로 모두 7조각이야.

정육면체의 쌓기나무의 개수는 3×3×3=27(개)야.

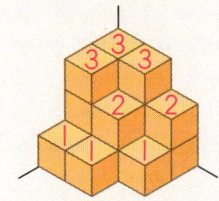 **노크 포인트**

복잡하게 쌓여 있는 쌓기나무의 개수를 셀 때에는 가장 위에 놓인 쌓기나무에 각 세로줄에 있는 쌓기나무의 개수를 쓴 후 그 수를 모두 더하여 구합니다.

보이지 않는 쌓기나무의 개수를 셀 때에는 전체 쌓기나무의 개수를 구한 후, 보이는 쌓기나무의 개수를 빼서 구합니다.

➡ 전체 쌓기나무의 개수: $3+3+3+2+2+1+1+1=16$(개)
　　보이는 쌓기나무의 개수: 10개
　　보이지 않는 쌓기나무의 개수: $16-10=6$(개)

보이지 않는 부분에 쌓기나무가 있는지 없는지 알 수 없을 경우, 쌓기나무로 쌓은 모양을 위에서 본 모양의 각 칸에 쌓은 쌓기나무의 개수를 써넣은 쌓기표를 이용합니다.

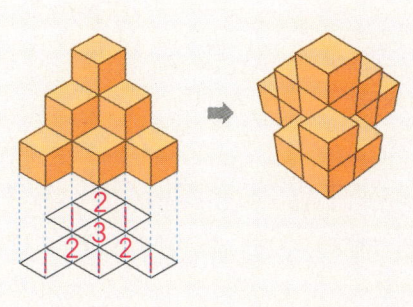

보이지 않는 쌓기나무

오른쪽 그림과 같이 쌓기나무를 쌓은 모양에서 보이지 않는
쌓기나무의 개수를 구해 봅시다.

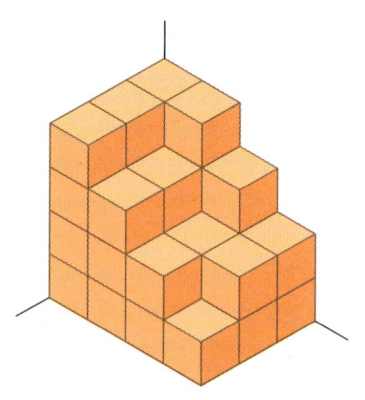

❶ 가장 위에 놓인 쌓기나무에 그 세로줄에 놓인 쌓기나무의 개수를 쓰시오. 사용한 쌓
기나무는 모두 몇 개입니까?

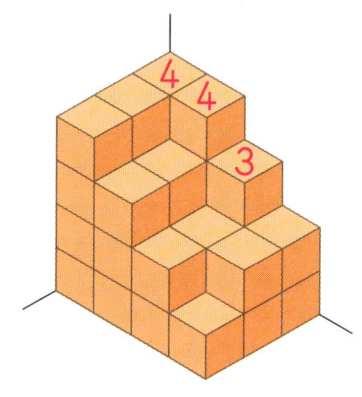

❷ 보이는 쌓기나무는 모두 몇 개입니까?

보이는 쌓기나무를 셀 때에
는 한 면만 보이는 쌓기나무
도 빼놓지 않고 꼭 세야 해.

❸ 보이지 않는 쌓기나무의 개수는 전체 쌓기나무의 개수에서 보이는 쌓기나무의 개수
를 빼서 구할 수 있습니다. 보이지 않는 쌓기나무는 몇 개입니까?

1 [쌓기나무의 개수 구하기]

주어진 모양과 같이 쌓기 위해 필요한 쌓기나무의 개수를 구하시오.

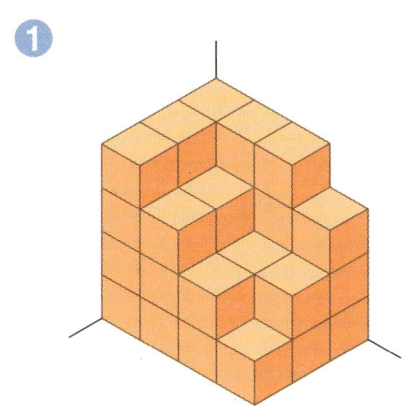

❶

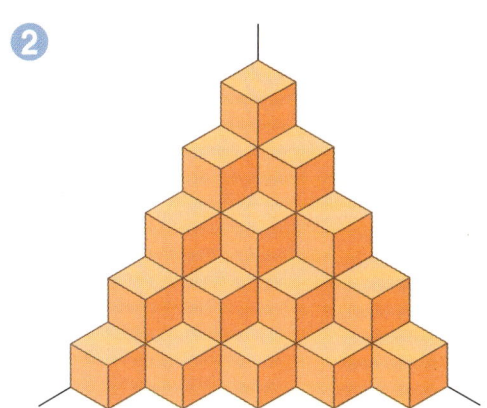

❷

2 [보이지 않는 쌓기나무의 개수]

쌓기나무로 쌓은 모양을 보고 보이지 않는 쌓기나무의 개수를 구하시오.

보이는 쌓기나무의 개수를 세는 것도 어려워.

화살표 방향의 줄에 있는 쌓기나무의 개수를 앞에서부터 차례로 세어 봐.

필요한 쌓기나무의 개수

다음 모양과 같이 쌓기나무를 쌓으려고 합니다. 필요한 쌓기나무는 몇 개부터 몇 개까지인지 생각해 봅시다.

보이지 않는 부분에
쌓기나무가 있는지
없는지 알 수가 없어.

❶ 필요한 쌓기나무의 개수가 가장 적은 경우는 보이지 않는 쌓기나무가 없을 때입니다. 오른쪽 쌓기표의 빈 곳에 알맞은 수를 쓰고 쌓기나무가 가장 적을 때의 개수를 구하시오.

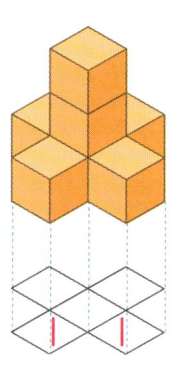

❷ 쌓기나무의 개수가 가장 많은 경우는 보이지 않는 쌓기나무의 개수가 가장 많을 때입니다. 다음 쌓기표의 빈 곳에 알맞은 수를 쓰고 쌓기나무가 가장 많을 때의 개수를 구하시오.

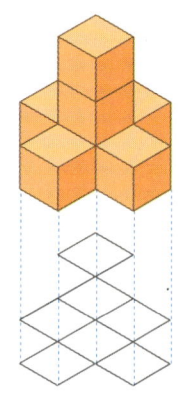

보이지 않는 부분에
쌓기나무가 있어.
반대편에서 보면
이런 모양이지.

❸ 필요한 쌓기나무는 몇 개부터 몇 개까지입니까?

[쌓기표와 쌓기나무의 개수]

1 쌓기나무로 쌓은 모양을 보고 쌓기표의 빈 곳에 알맞은 수를 쓰시오. 사용된 쌓기나무는 모두 몇 개입니까?

쌓기표에 각 자리별로 쌓아 올린 쌓기나무의 수를 쓰는 거야.

[쌓기나무 개수의 최대, 최소]

2 다음 모양과 같이 쌓기나무를 쌓으려고 할 때, 필요한 쌓기나무는 몇 개부터 몇 개까지입니까?

잘 생각해 봐!

보이지 않는 부분에 있는 쌓기나무를 생각해야 돼.

꼬마 요괴 셋이 쌓기나무로 쌓은 모양을 위, 앞, 옆에서 보고 있는데 조금 이상합니다.

아인이가 위, 앞, 옆에서 본 모양을 제대로 다시 그린 후 그림 하나에 나타내었습니다.

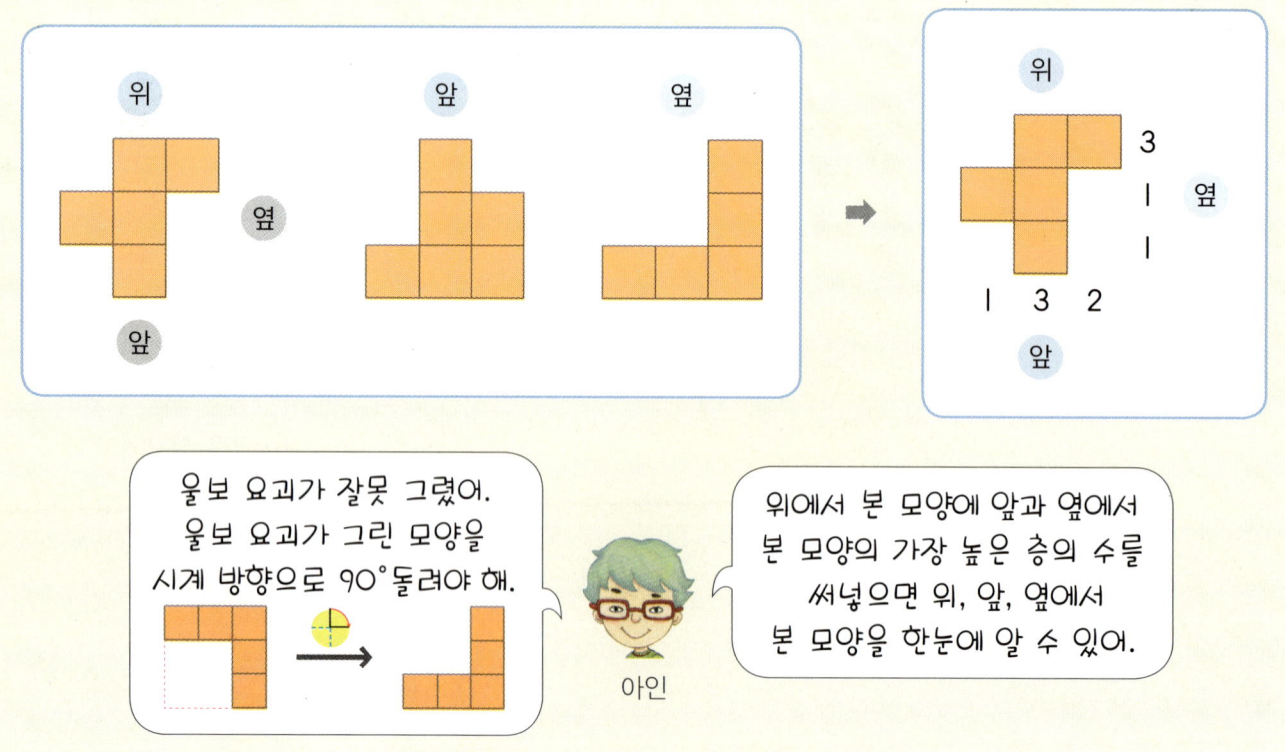

다음 쌓기나무 4개로 쌓은 모양을 보고 위, 앞, 옆에서 본 모양을 각각 그려 보시오.

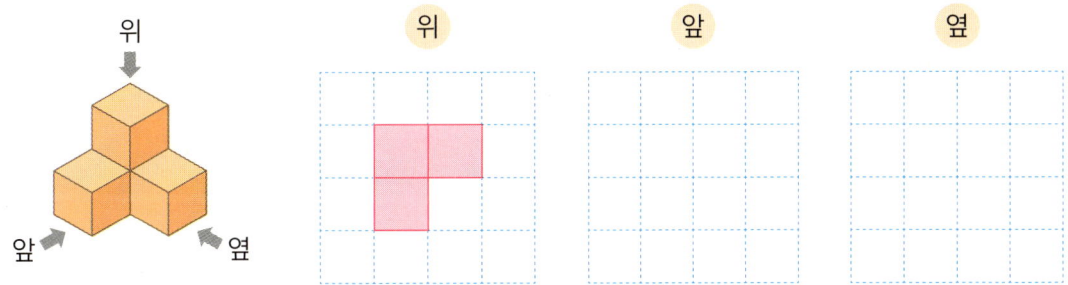

쌓기나무로 쌓은 모양을 위에서 본 모양은 쌓기표의 모양과 같고, 앞에서 본 모양과 옆에서 본 모양은 각 방향에서 보이는 가장 높은 층의 모양과 같습니다.

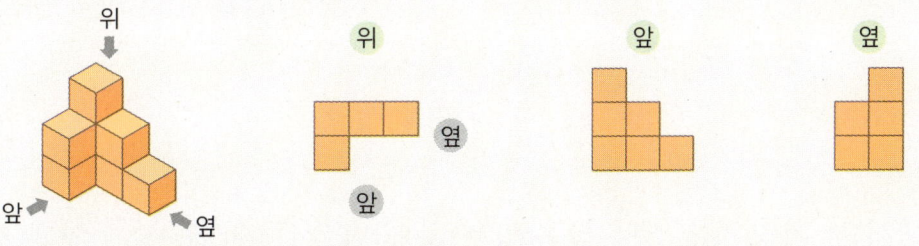

위, 앞, 옆에서 본 모양이 다음과 같을 때 쌓기나무의 개수를 알아보면

위에서 본 모양의 아래쪽에는 앞에서 본 모양의 개수를, 오른쪽에는 옆에서 본 모양의 개수를 쓰면 각 칸에 놓인 쌓기나무의 개수를 알 수 있습니다.

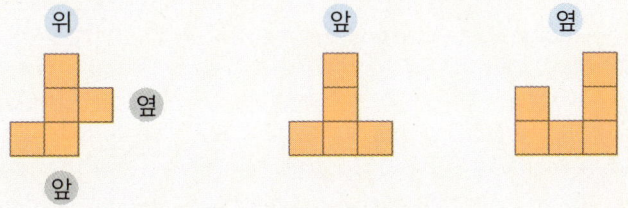

위, 앞, 옆에서 본 모양

오른쪽 그림과 같이 쌓기나무 10개로 쌓은 모양을 보고 위, 앞, 옆에서 본 모양을 각각 그려 봅시다.

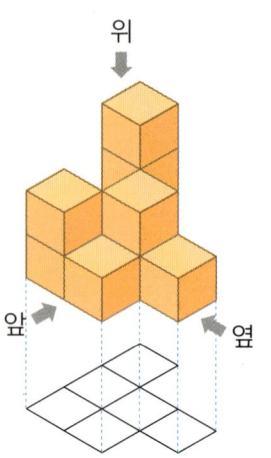

① 쌓기나무로 쌓은 모양을 위에서 본 모양은 쌓기표의 모양과 같습니다. 위에서 본 모양의 각 칸 위에 쌓아 올린 쌓기나무의 개수를 쓰시오.

쌓기표의 모양을 보니 보이지 않는 부분이 있어. 쌓기나무 10개로 쌓은 것임을 기억해.

② 앞과 옆에서 본 가장 높은 층수를 각각 모눈의 바깥 ☐ 안에 쓰고, 앞과 옆에서 본 모양을 각각 그리시오.

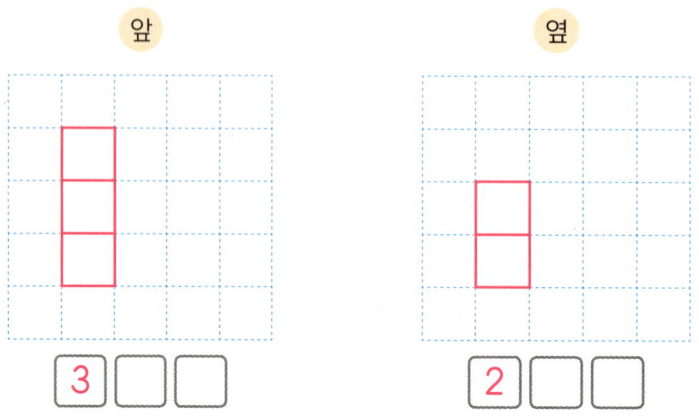

1 각 칸의 수는 그 자리에 놓인 쌓기나무의 개수입니다. ☐ 안에 각 방향에서 본 가장 높은 층의 수를 쓰고, 앞과 옆에서 본 모양을 각각 그려 보시오.

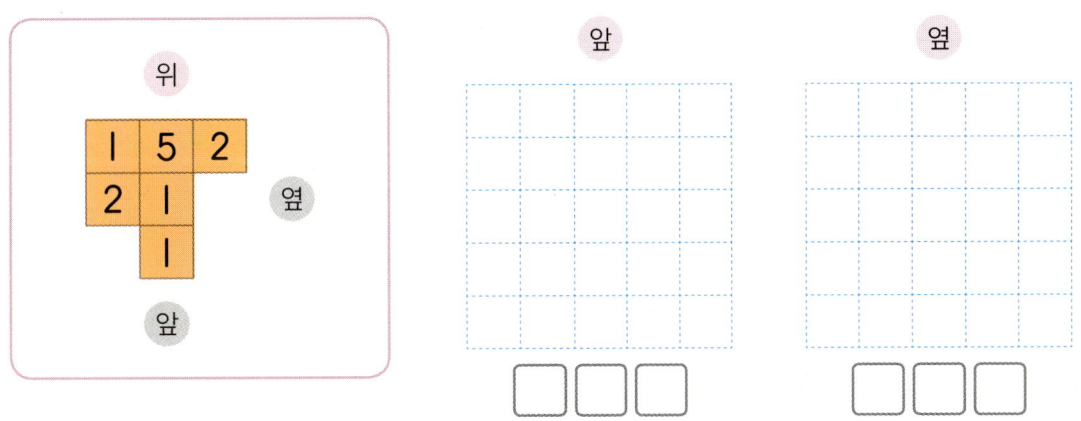

[위, 앞, 옆에서 본 모양 그리기]

2 쌓기나무 10개로 쌓은 모양을 보고 위, 앞, 옆에서 본 모양을 각각 그려 보시오.

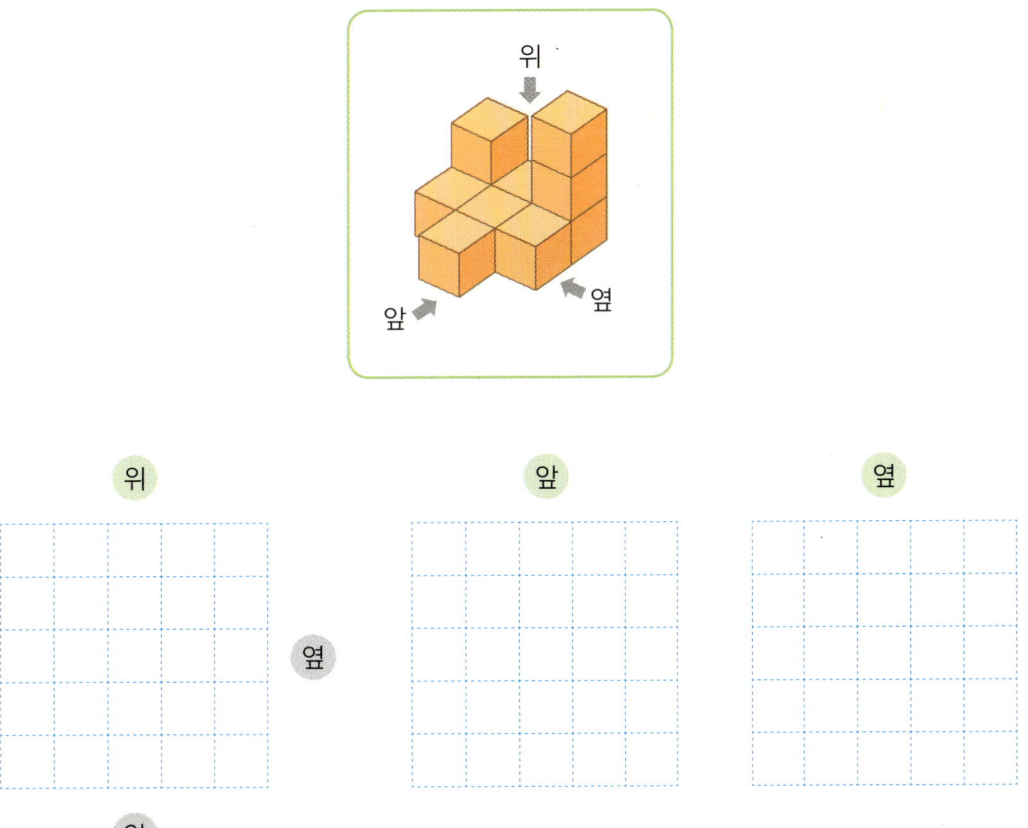

위, 앞, 옆 모양으로 전체 모양 찾기

쌓기나무로 쌓은 모양을 위, 앞, 옆에서 본 모양입니다. 전체 모양을 만들기 위해 필요한 쌓기나무의 개수를 알아봅시다.

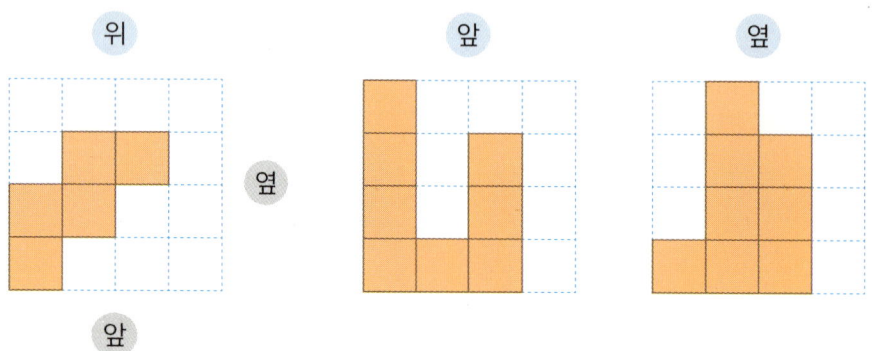

❶ 다음은 위에서 본 모양의 아래와 오른쪽 ☐ 안에 앞에서 본 모양과 옆에서 본 모양에서 가장 높은 층수를 쓴 것입니다. ①, ③, ④번 자리에 쌓인 쌓기나무의 개수를 차례로 쓰시오.

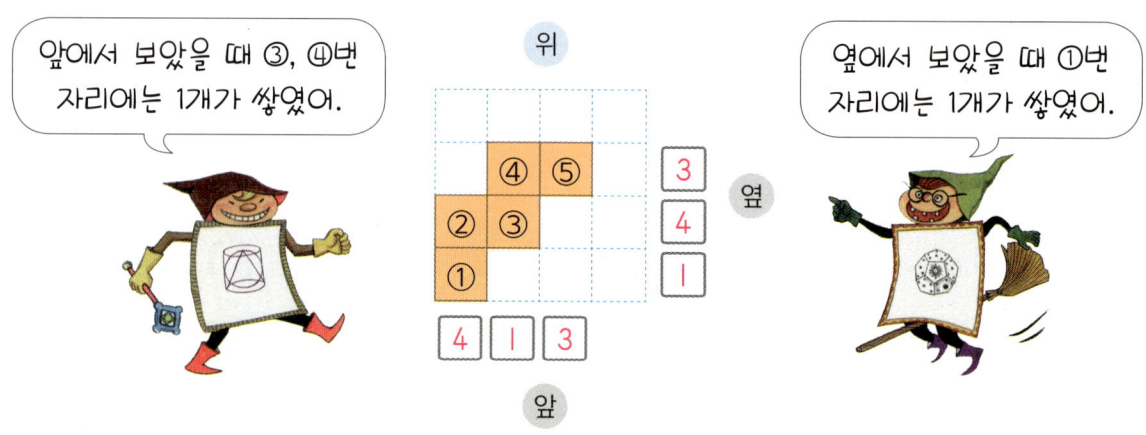

❷ ②번, ⑤번 자리에 쌓인 쌓기나무의 개수를 구하여 차례로 쓰시오.

❸ 필요한 쌓기나무는 모두 몇 개입니까?

[위에서 본 모양]

1 위에서 본 모양에 앞과 옆에서 본 쌓기나무의 개수를 쓴 것입니다. 서로 관계있는 것 끼리 선으로 이으시오.

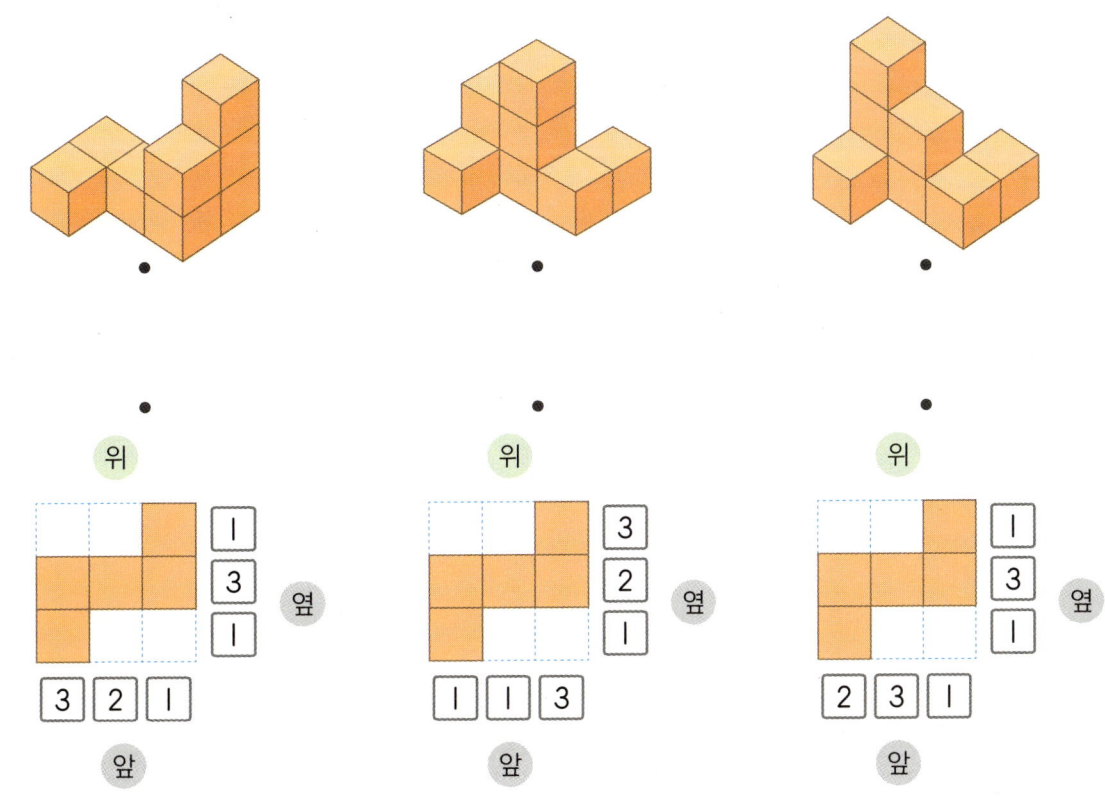

[전체 모양의 쌓기나무의 수]

2 다음은 쌓기나무로 쌓은 모양을 위, 앞, 옆에서 본 모양입니다. 필요한 쌓기나무는 몇 개입니까?

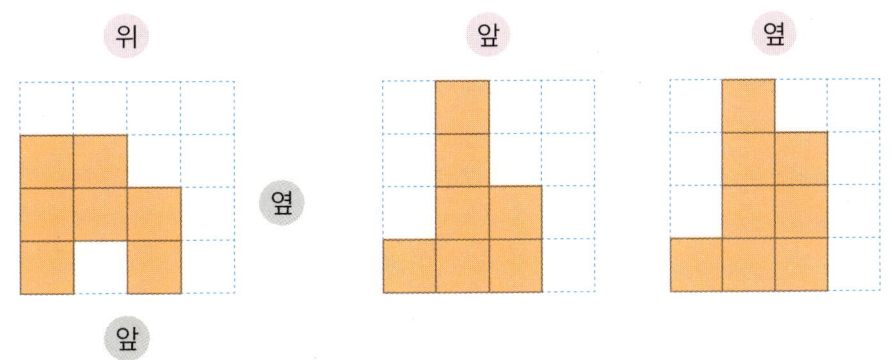

3 쌓기나무를 쌓는 방법

꼬마 요괴들이 쌓기나무로 쌓은 모양을 보고, 아이들이 위, 앞, 옆에서 본 모양을 이야기합니다.

> 쌓기나무 7개를 사용했어.

> 쌓기나무 8개를 사용했어.

> 쌓기나무 9개를 사용했어.

> 위에서 본 모양이 로 모두 같아.

초이

> 앞에서 본 모양도 로 모두 같아.

태경

> 이상해. 옆에서 본 모양도 로 모두 같네.

지오

아인이가 궁금한 점을 대마법사 멀린에게 물어봅니다.

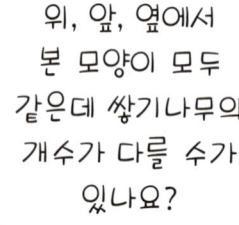

> 위, 앞, 옆에서 본 모양이 모두 같은데 쌓기나무의 개수가 다를 수가 있나요?

아인

> 위, 앞, 옆에서 본 모양에 맞게 쌓기나무를 쌓는 방법은 여러 가지가 있단다. 개수가 다를 수도 있고, 개수가 같다고 하더라도 쌓는 방법이 다를 수 있지.

멀린

다음은 쌓기나무로 쌓은 모양을 위, 앞, 옆에서 본 모양입니다. 사용한 쌓기나무가 가장 많은 경우와 가장 적은 경우의 개수를 구하여 ☐ 안에 써넣으시오.

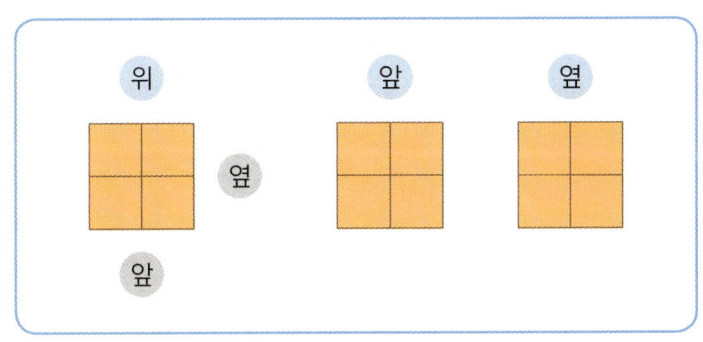

가장 많은 경우: ☐ 개   가장 적은 경우: ☐ 개

위, 앞, 옆에서 본 모양이
☐ 로 모두 같아.
가장 많은 경우는
정육면체 모양일 거야.

가장 적은 경우는
가장 많은 경우에서
앞과 옆 모양이 변하지
않도록 하나씩 빼면 돼.

노크 포인트

위, 앞, 옆에서 본 모양이 같더라도 쌓은 모양과 개수가 모두 다를 수 있습니다.

위, 앞, 옆에서 본 모양이 같더라도 개수는 같고 쌓은 모양은 다를 수 있습니다.

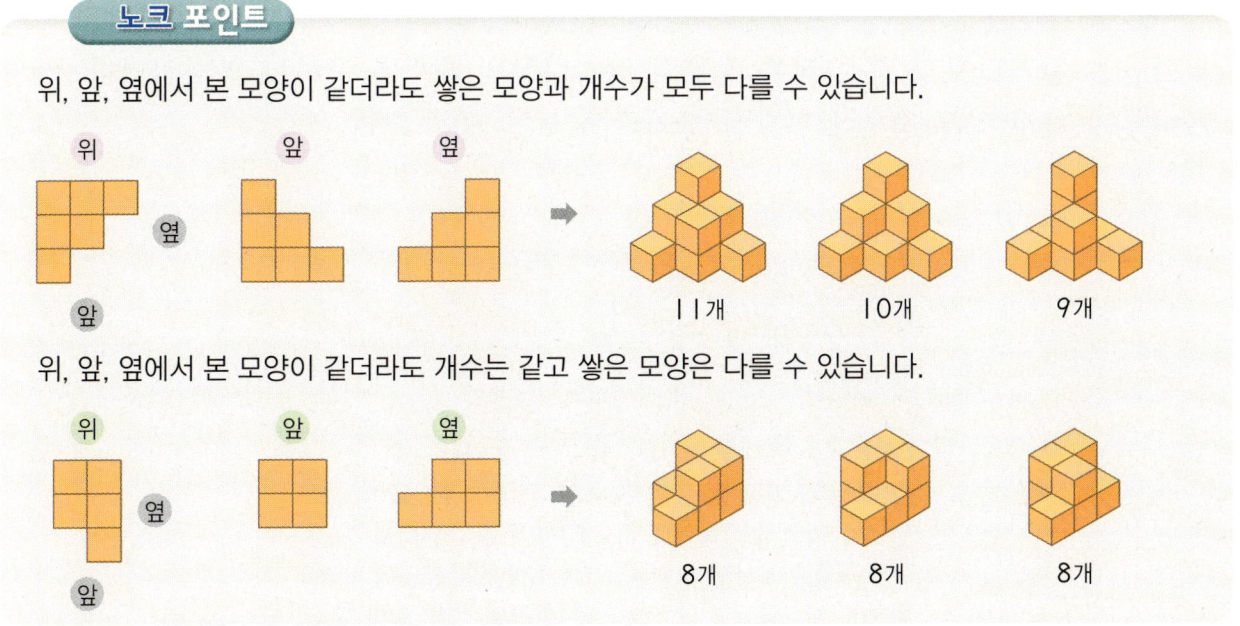

최대, 최소 개수

쌓기나무로 쌓은 모양을 위, 앞, 옆에서 본 모양입니다. 쌓기나무가 가장 많은 경우와 가장 적은 경우의 쌓기나무의 개수를 알아봅시다.

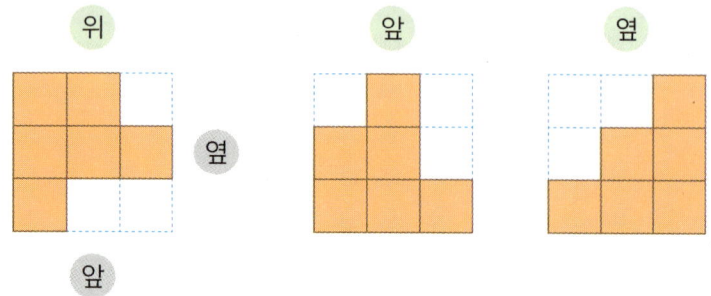

① 다음은 쌓기나무가 가장 많은 경우의 쌓기나무의 개수를 구하는 과정입니다. 쌓기나무가 가장 많은 경우에 필요한 쌓기나무는 몇 개입니까?

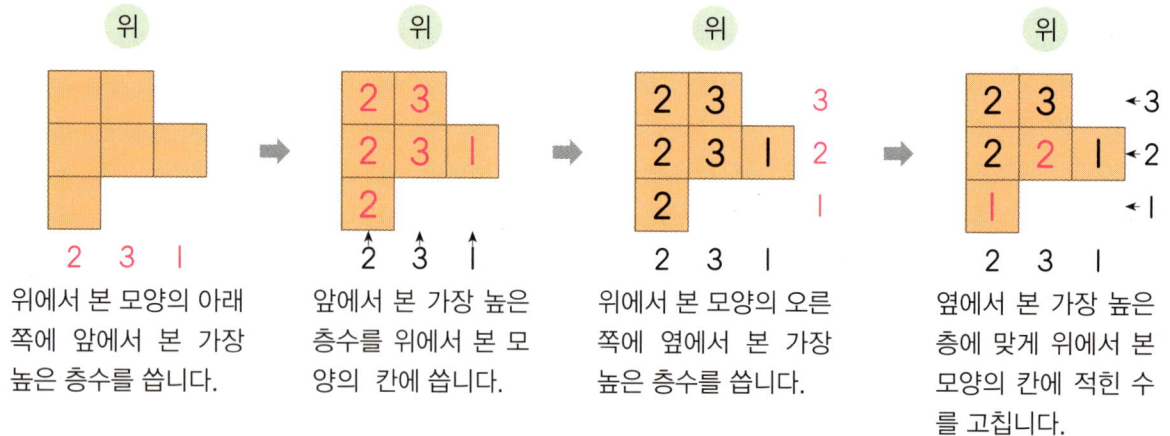

위에서 본 모양의 아래쪽에 앞에서 본 가장 높은 층수를 씁니다.

앞에서 본 가장 높은 층수를 위에서 본 모양의 칸에 씁니다.

위에서 본 모양의 오른쪽에 옆에서 본 가장 높은 층수를 씁니다.

옆에서 본 가장 높은 층에 맞게 위에서 본 모양의 칸에 적힌 수를 고칩니다.

② 다음은 쌓기나무가 가장 적은 경우의 쌓기나무의 개수를 구하는 과정입니다. 쌓기나무가 가장 적은 경우에 필요한 쌓기나무는 몇 개입니까?

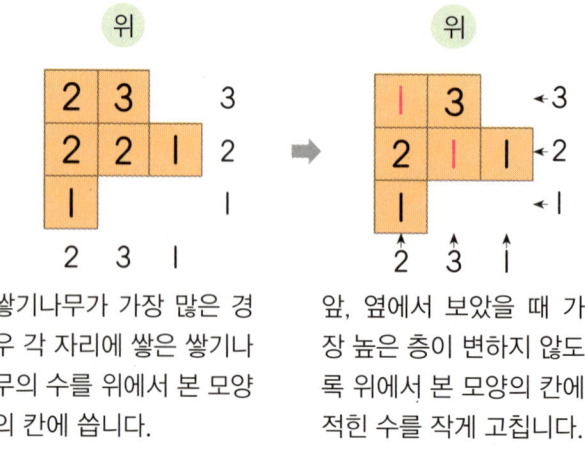

쌓기나무가 가장 많은 경우 각 자리에 쌓은 쌓기나무의 수를 위에서 본 모양의 칸에 씁니다.

앞, 옆에서 보았을 때 가장 높은 층이 변하지 않도록 위에서 본 모양의 칸에 적힌 수를 작게 고칩니다.

[쌓기나무 빼기]

1 다음과 같이 쌓기나무로 쌓은 모양에서 위, 앞, 옆에서 본 모양이 변하지 않게 쌓기나무를 빼려고 합니다. 몇 개까지 뺄 수 있습니까?

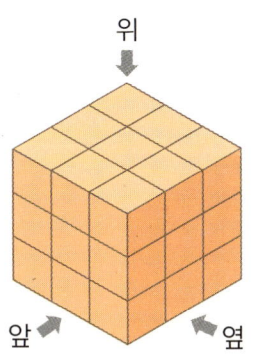

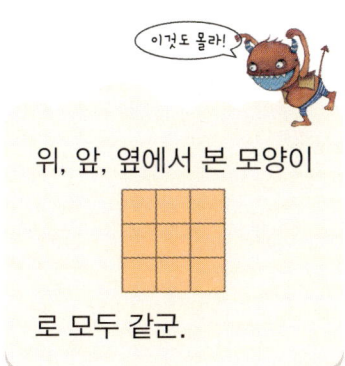

[가장 많은 경우, 가장 적은 경우]

2 쌓기나무로 쌓은 모양을 위, 앞, 옆에서 본 모양입니다. 사용된 쌓기나무가 가장 많은 경우와 가장 적은 경우의 개수를 각각 구하시오.

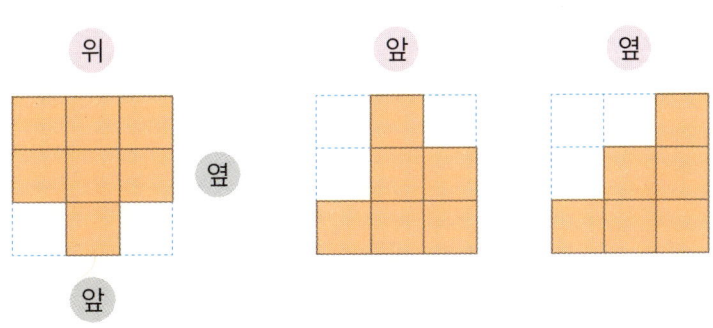

가장 많은 경우: ☐ 개   가장 적은 경우: ☐ 개

쌓기나무를 쌓은 가짓수

위, 앞, 옆에서 본 모양을 보고 쌓기나무를 몇 가지 모양으로 쌓을 수 있는지 알아봅시다.

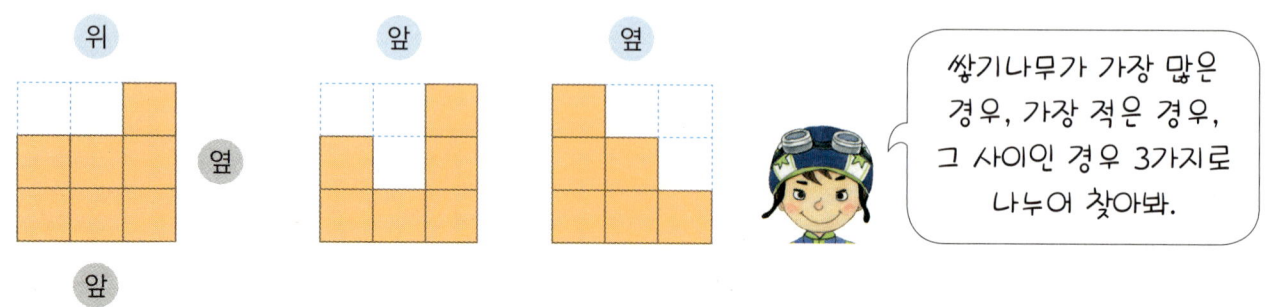

쌓기나무가 가장 많은 경우, 가장 적은 경우, 그 사이인 경우 3가지로 나누어 찾아봐.

❶ 다음은 위에서 본 모양에 앞과 옆에서 본 가장 높은 층의 수를 쓴 것입니다. 쌓은 쌓기나무의 개수가 가장 많을 때와 가장 적을 때 각 자리에 쌓은 쌓기나무의 개수를 쓰고, 각 경우에 필요한 쌓기나무의 개수를 ☐ 안에 써넣으시오.

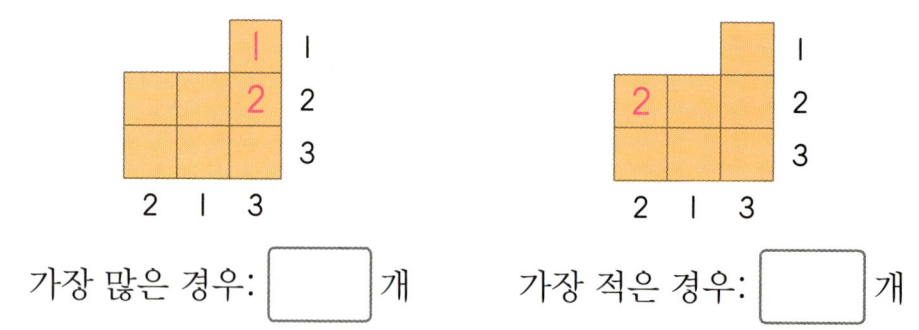

가장 많은 경우: ☐ 개   가장 적은 경우: ☐ 개

❷ ❶과 다른 경우를 모두 찾아보고, 필요한 쌓기나무의 개수를 ☐ 안에 써넣으시오.

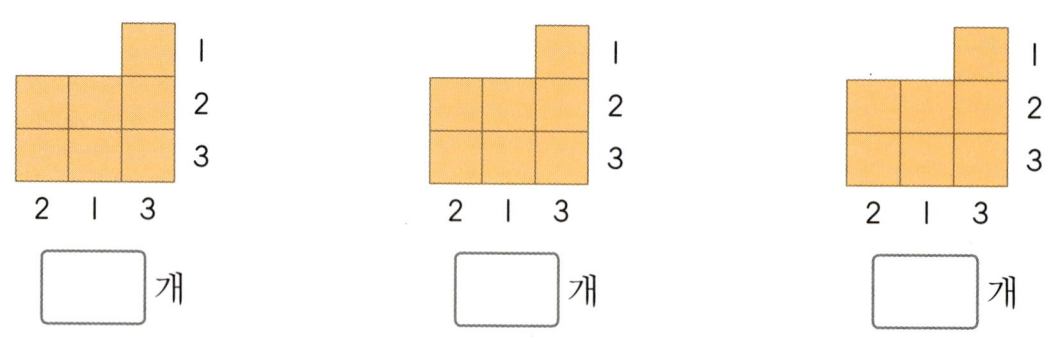

☐ 개   ☐ 개   ☐ 개

❸ 모두 몇 가지 모양으로 쌓을 수 있습니까?

1 위, 앞, 옆에서 본 모양을 보고 쌓기나무를 쌓으려고 합니다. 물음에 답하시오.

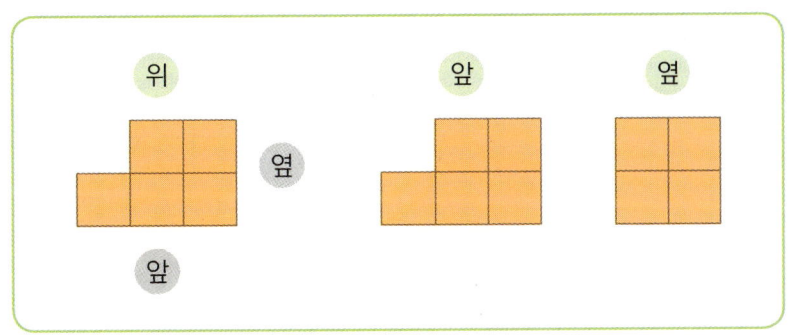

❶ 쌓은 쌓기나무가 가장 적은 경우에 각 자리에 쌓아 올린 쌓기나무의 개수를 써넣었습니다. 필요한 쌓기나무는 몇 개이고, 방법은 모두 몇 가지입니까?

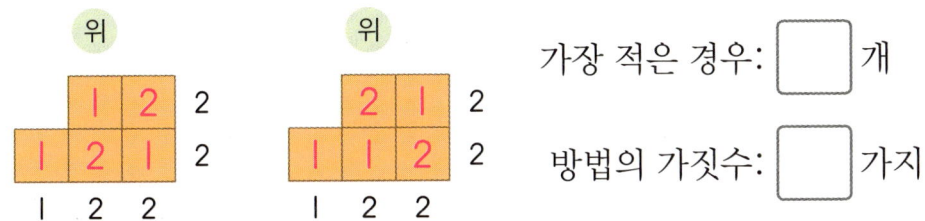

가장 적은 경우: ☐ 개

방법의 가짓수: ☐ 가지

❷ 쌓은 쌓기나무가 가장 많은 경우에 각 자리에 쌓은 쌓기나무의 개수를 쓰시오. 필요한 쌓기나무는 몇 개이고, 방법은 모두 몇 가지입니까?

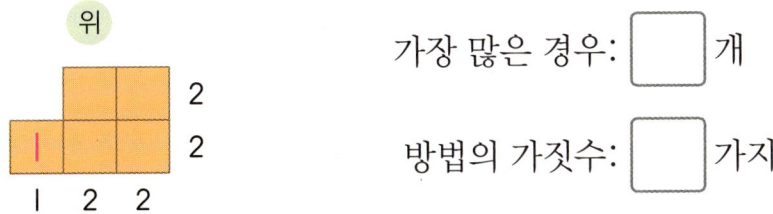

가장 많은 경우: ☐ 개

방법의 가짓수: ☐ 가지

❸ 쌓은 쌓기나무가 **8**개인 경우에 각 자리에 쌓아 올린 쌓기나무의 개수를 쓰시오. 방법은 모두 몇 가지입니까?

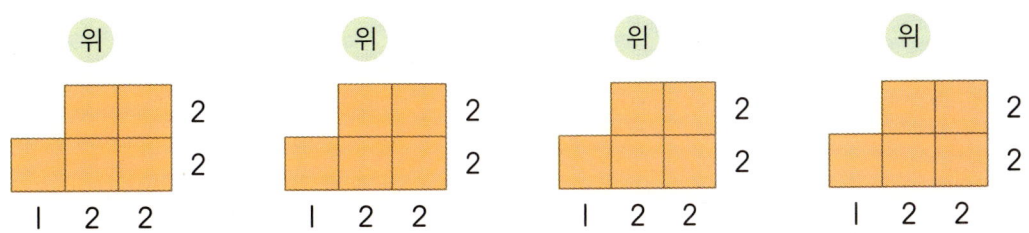

창의적 문제해결력

1 쌓기나무 9개로 쌓은 모양을 보고 바닥에 닿는 면의 모양을 오른쪽에 그리시오.

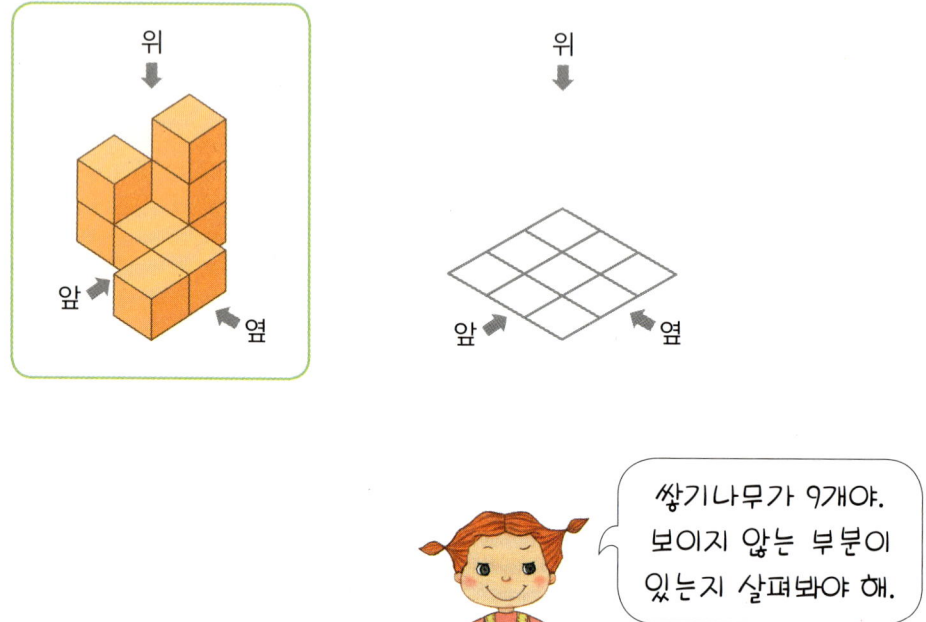

> 쌓기나무가 9개야.
> 보이지 않는 부분이
> 있는지 살펴봐야 해.

2 쌓기나무로 쌓은 모양을 보고 위, 앞, 옆에서 본 모양을 그리시오.

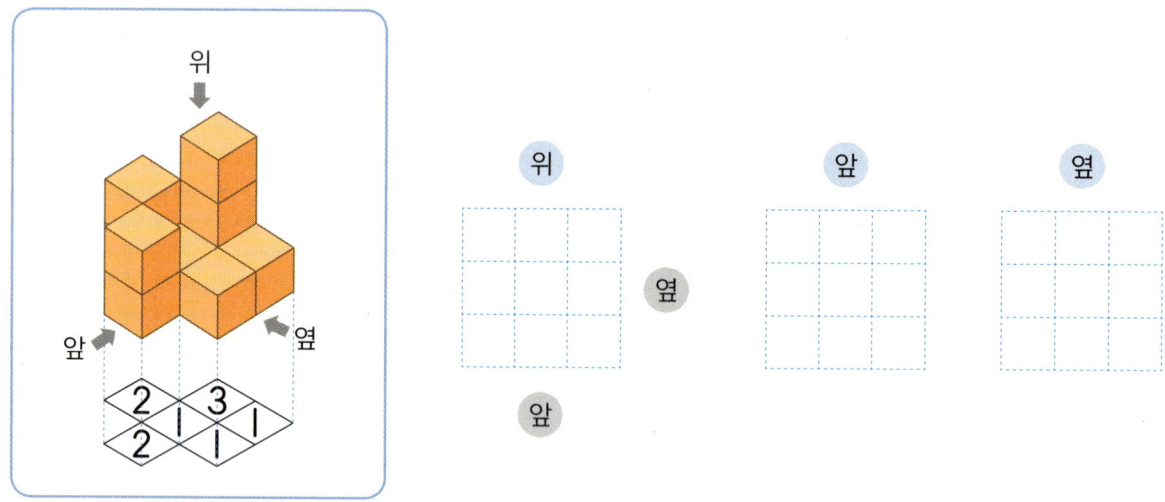

위   앞   옆

옆

앞

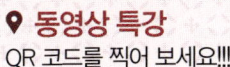
3 다음 각 칸에 적힌 수는 그 칸에 쌓은 쌓기나무의 개수입니다. 앞과 옆에서 본 모양을 그려 보시오.

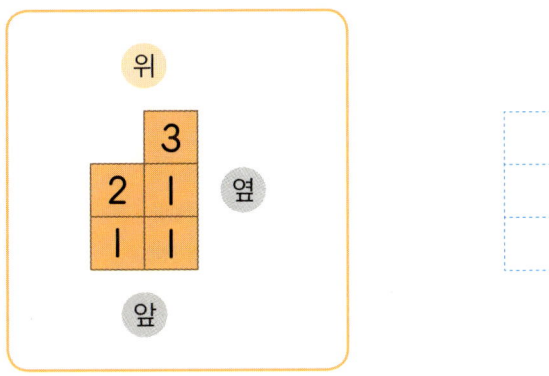

4 쌓기나무로 쌓은 모양을 위, 앞, 옆에서 본 모양입니다. 쌓은 쌓기나무가 가장 많은 경우와 가장 적은 경우의 쌓기나무의 개수를 구하여 차례로 쓰시오.

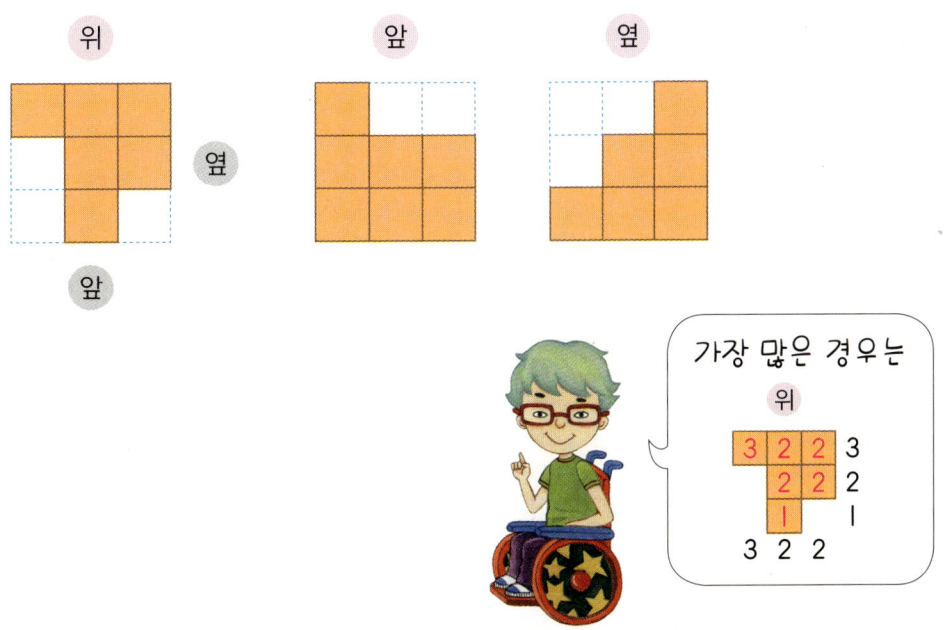

Chapter 2

전개도

4 정육면체의 전개도

아이들이 정육면체의 전개도 11가지를 빠짐없이 모눈에 그리는 방법을 알아봅니다.

└─ 정육면체의 모서리를 잘라서 펼쳐 놓은 그림

정육면체는 면이
6개니까 모눈 6칸을
색칠해야 해.

태경

접었을 때 한 꼭짓점에
세 면이 모이므로 한 점에
네 면이 모이는 모양은 안 돼.

(×)

초이

머릿속으로 생각하여
접었을 때 겹치는 면이
있으면 안 돼.

(×)

지오

아인이는 전개도의 가장 긴 줄에 **4칸**이 있는 모양을 **2가지** 경우로 나누어 **6개**를 그렸습니다.

〈경우 1〉 ① ② ③ ④

〈경우 2〉 ⑤ ⑥

가장 긴 줄에
4칸이 있는 모양은
6가지야.

아인

돌리거나 뒤집어서
같은 모양이 없도록
🟩 모양을 고정시키고
나머지 🟥 모양을
1칸씩 움직였어.

정육면체의 전개도 중 가장 긴 줄에 3칸이 있는 모양과 2칸이 있는 모양입니다. 나머지 한 칸을 색칠하여 정육면체의 전개도 5가지를 완성하시오.

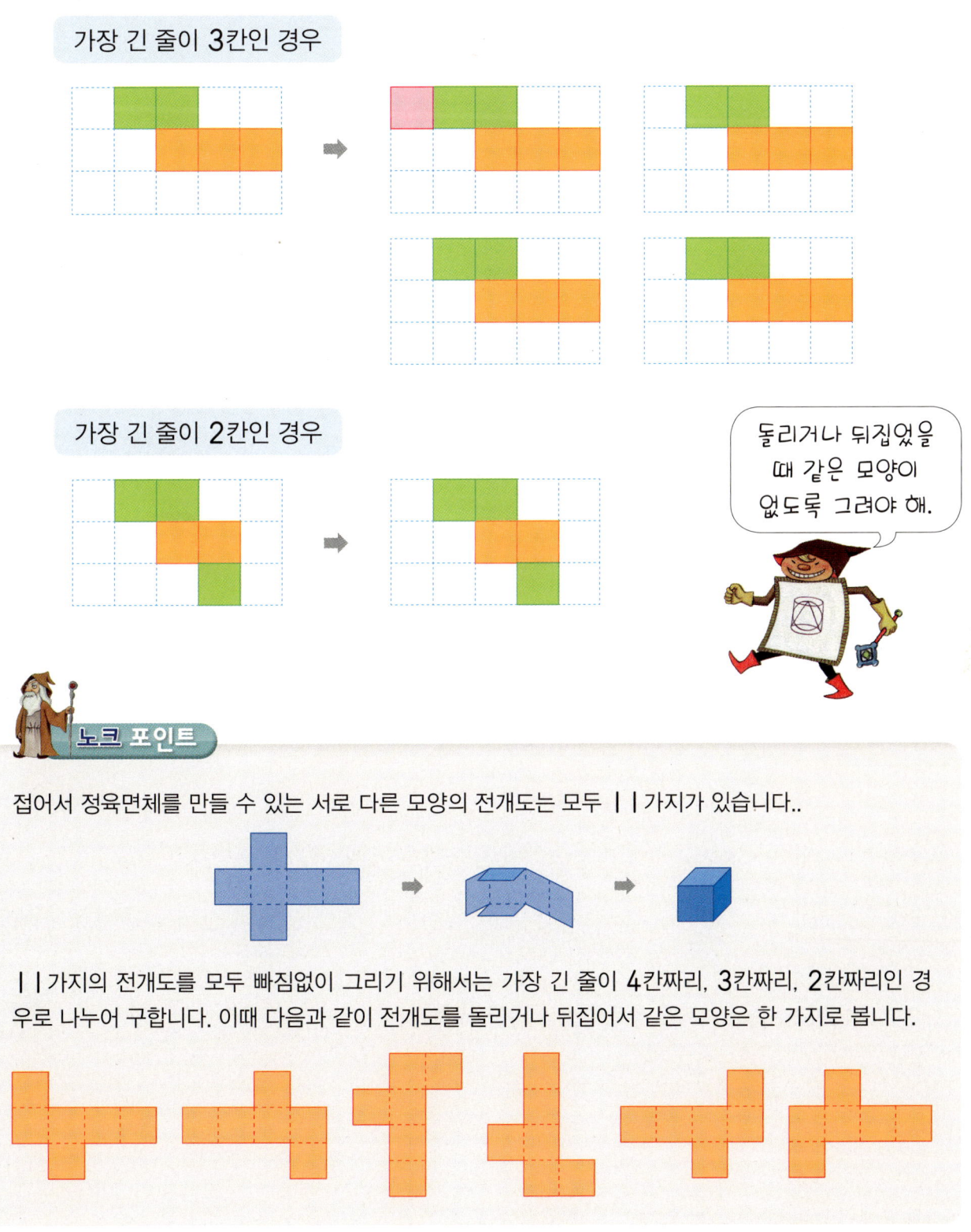

가장 긴 줄이 3칸인 경우

가장 긴 줄이 2칸인 경우

돌리거나 뒤집었을 때 같은 모양이 없도록 그려야 해.

노크 포인트

접어서 정육면체를 만들 수 있는 서로 다른 모양의 전개도는 모두 11가지가 있습니다..

11가지의 전개도를 모두 빠짐없이 그리기 위해서는 가장 긴 줄이 4칸짜리, 3칸짜리, 2칸짜리인 경우로 나누어 구합니다. 이때 다음과 같이 전개도를 돌리거나 뒤집어서 같은 모양은 한 가지로 봅니다.

전개도 완성하기

다음은 정육면체 전개도의 일부분입니다. 여기에 정사각형 2개를 붙여 만들 수 있는 정육면체의 전개도를 알아봅시다. (단, 돌리거나 뒤집어서 같은 모양은 한 가지로 봅니다.)

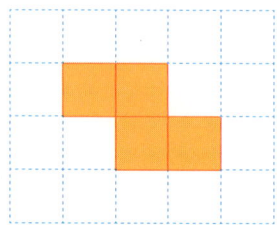

❶ 가장 긴 줄이 2칸짜리인 정육면체의 전개도를 그리시오.

가장 긴 줄이 2칸짜리인 전개도는 계단 모양이지.

❷ 가장 긴 줄이 3칸짜리가 되도록 1칸을 ■로 색칠한 것입니다. 나머지 1칸을 더 색칠하여 정육면체의 전개도를 완성하시오.

 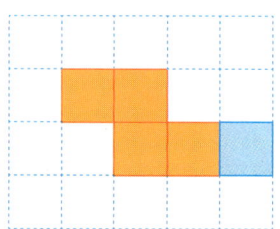  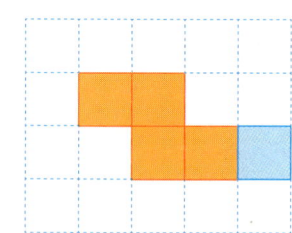

❸ 가장 긴 줄이 4칸짜리가 되도록 2칸을 더 색칠하여 정육면체의 전개도를 완성하시오.

나 은 같은 모양이야.

[만들 수 있는 전개도의 가짓수]

1 다음 그림에 정사각형을 하나 더 그려 넣어 정육면체의 전개도를 그릴 때 서로 다른 모양의 전개도는 몇 가지 그릴 수 있습니까? (단, 돌리거나 뒤집어서 같은 모양은 한 가지로 봅니다.)

주어진 도형의 둘레에 정사각형을 하나씩 붙여가며 알아봐.

[합이 가장 클 때의 전개도]

2 다음 표 위에 정육면체의 전개도를 그립니다. 6개의 면에 적힌 수의 합이 가장 클 때의 값은 얼마입니까?

나는 63이야.

1	2	3	4
5	6	7	8
9	10	11	12
13	14	15	16

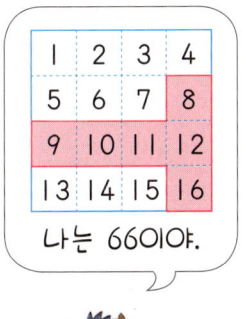

나는 66이야.

마주 보는 면, 만나는 점

다음은 전개도를 접었을 때 마주 보는 면끼리 같은 도형을 그리고, 만나는 점끼리 점선으로 이은 것입니다.

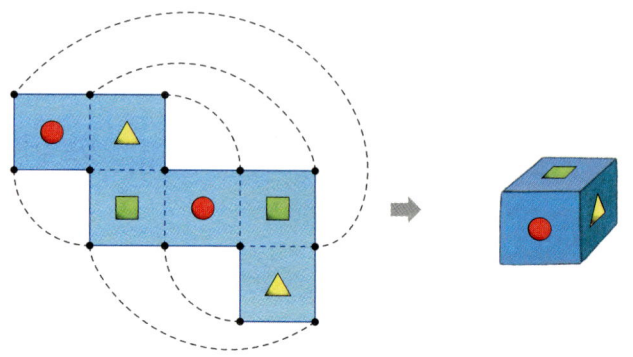

① 위와 같은 방법으로 다음 전개도를 접었을 때 서로 마주 보는 면에 같은 도형이 오도록 그리시오.

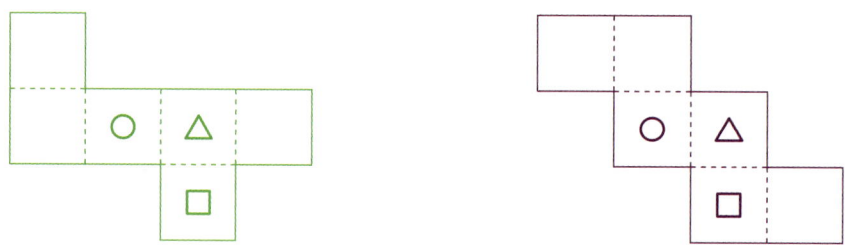

② 접었을 때 서로 만나는 점끼리 선으로 이으시오.

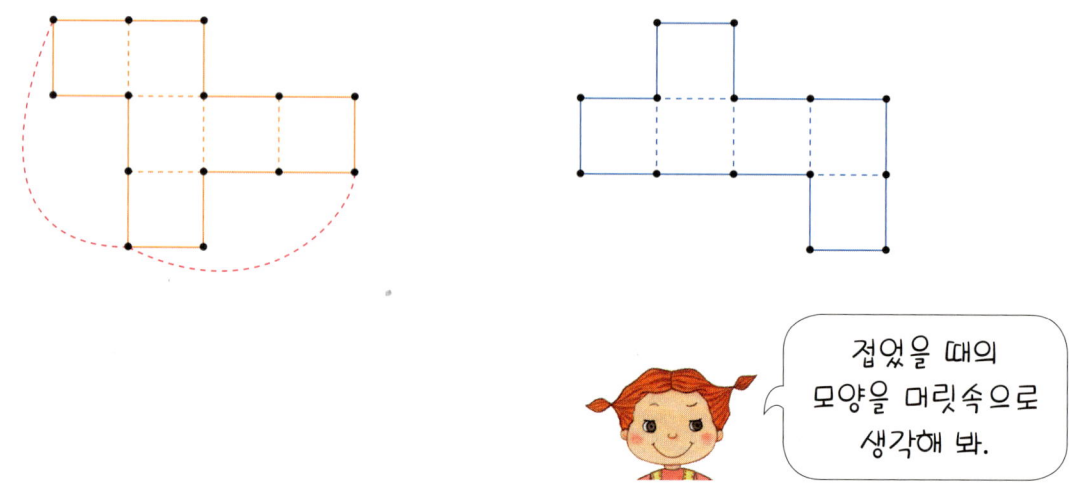

접었을 때의
모양을 머릿속으로
생각해 봐.

[마주 보는 면]

1 다음은 서로 마주 보는 면의 수의 합이 7인 정육면체 모양의 주사위를 펼친 전개도입니다. 빈 곳에 알맞은 수를 써넣으시오. (단, 주사위에 쓰인 숫자의 방향은 생각하지 않습니다.)

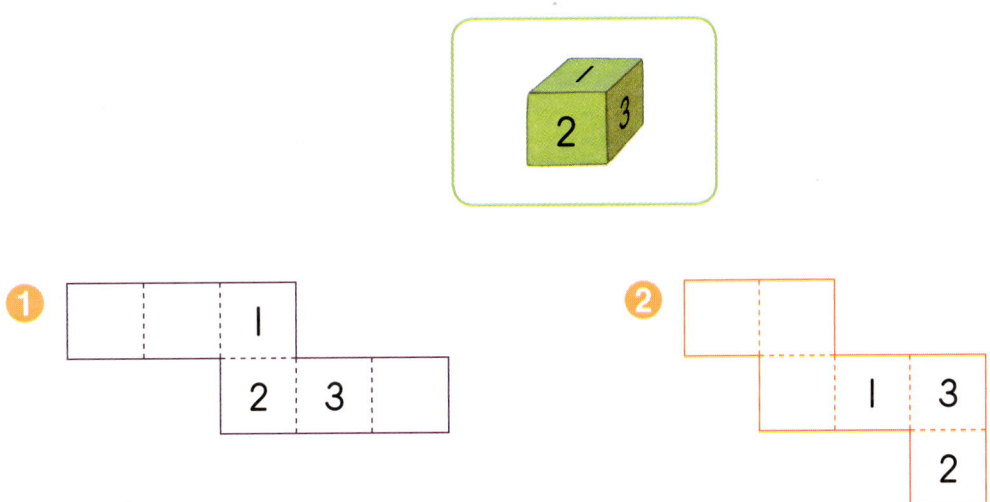

[만나는 점]

2 다음 전개도를 접었을 때 표시된 점과 만나는 곳에 모두 점을 찍고 선으로 이으시오.

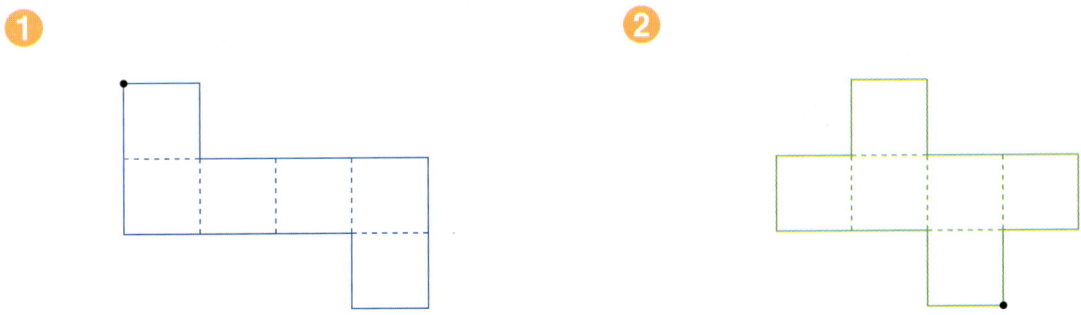

수학 교구로 만든 정육면체의 세 면에 모양을 그린 후 여러 가지 방법으로 펼쳤습니다. 이 전개도로 대마법사 멀린이 공간 감각을 키우는 방법에 대해 이야기합니다.

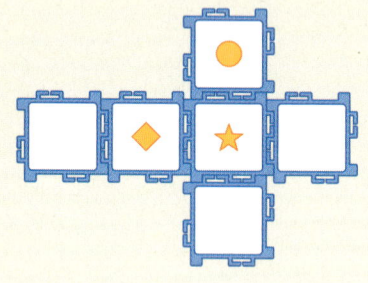

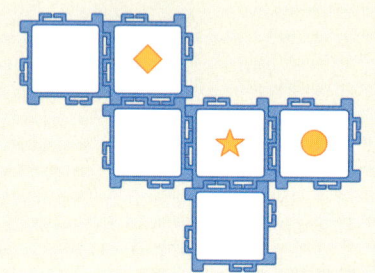

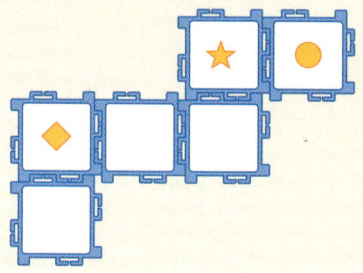

교구를 사용하지 않고도 머릿속으로 생각하여 펼친 모양을 그릴 수 있어야 해.

멀린

머리로만 정육면체를 펼친 모습을 생각해내는 건 너무 어려운 일이에요.

태경

아인이가 태경이에게 도움이 되는 방법을 알려줍니다.

세 면이 만나는 꼭짓점

●, ◆, ★ 세 면이 만나는 꼭짓점을 전개도에서 찾아봐.

아인

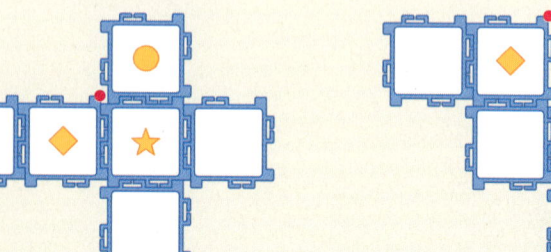

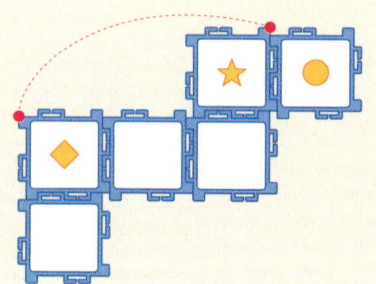

다음은 ●, ★, ◆이 그려진 정육면체를 여러 가지 방법으로 펼친 전 개도입니다. 보기 와 같이 도형이 그려진 세 면이 한 곳에서 모이는 꼭짓점을 전개도에서 모두 찾아 표시하시오.

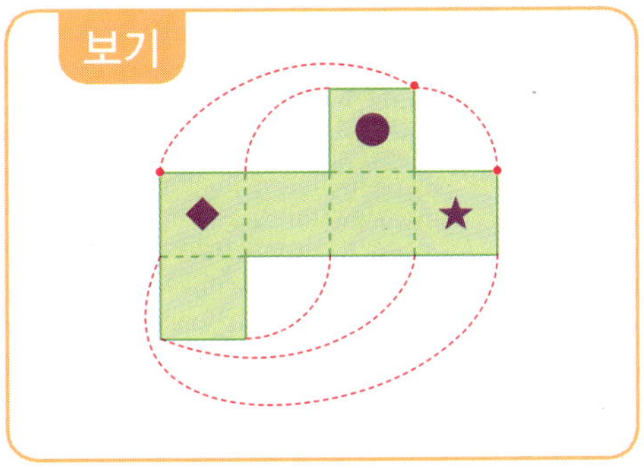

보기

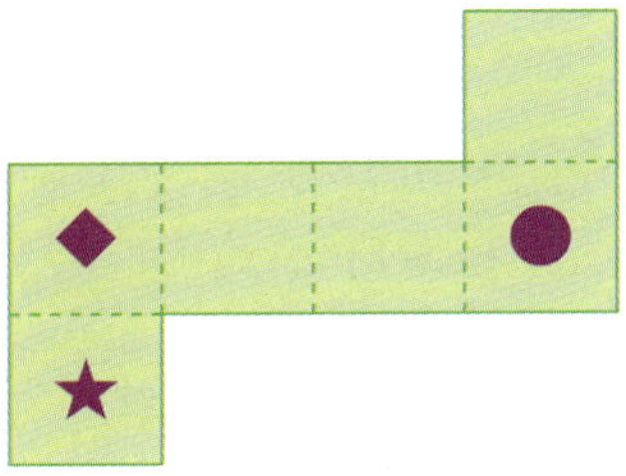

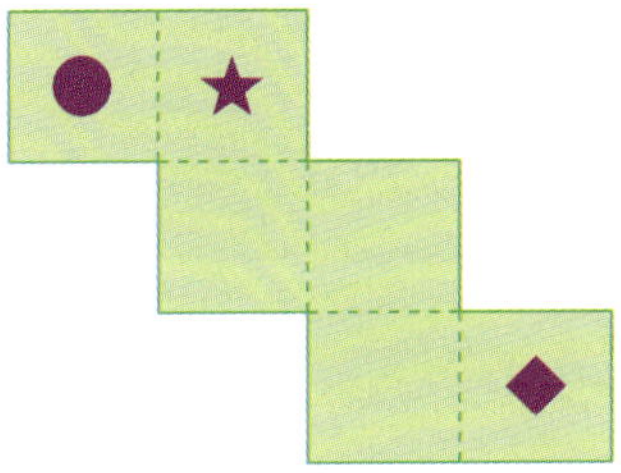

전개도를 접었을 때 세 면이 한 곳에서 만나는 점이야.

정육면체에서 세 면이 만나는 점은 한 군데 이지만 전개도에서는 여러 군데 있을 수 있어.

노크 포인트

정육면체에 색칠된 부분이나 그어진 선분은 전개도에서 여러 가지 모양으로 나타납니다.
기준이 되는 꼭짓점을 정하여 생각하면 편리합니다.

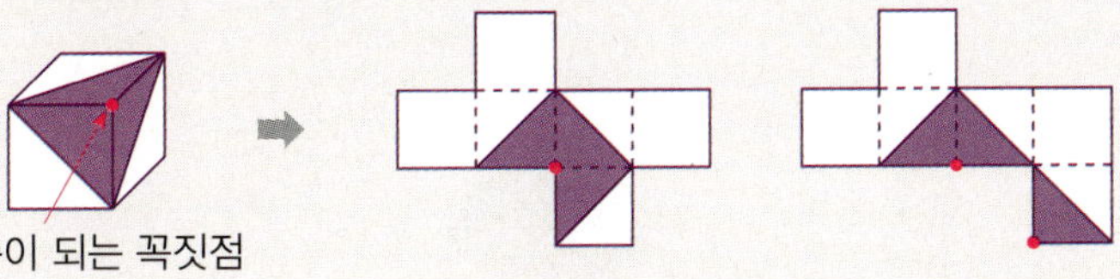

기준이 되는 꼭짓점

색칠한 부분

정육면체 모양의 통에 파란색 물감을 담았습니다. 이 정육면체에 파란색 물감이 묻은 부분을 전개도에 나타내어 봅시다.

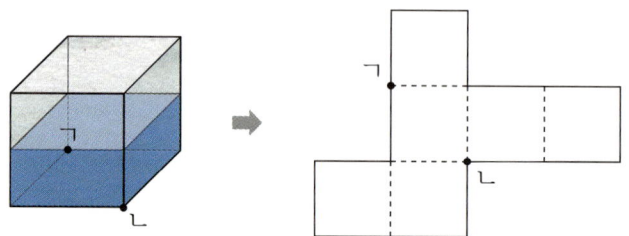

❶ 다음 전개도에 파란색 물감이 묻은 부분을 색칠하여 보시오.

원래의 전개도보다 이 전개도에서 파란색 물감이 묻은 부분을 쉽게 알 수 있어.

❷ ❶에서 색칠한 전개도의 한 면을 옮겨 오른쪽 전개도를 만들었습니다. 오른쪽 전개도에 파란색 물감이 묻은 부분을 색칠하시오.

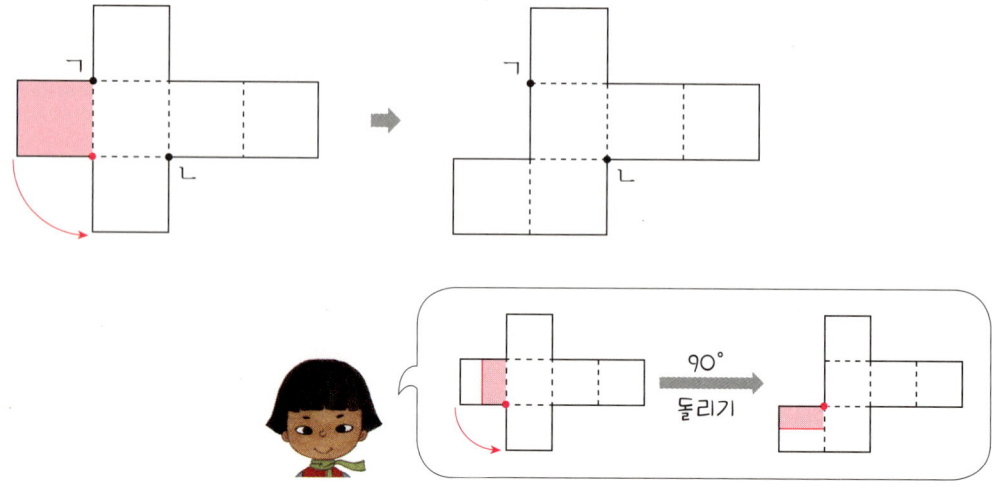

90° 돌리기

1 다음 그림과 같이 정육면체의 한쪽 귀퉁이를 색칠하였습니다. 색칠한 부분을 전개도에 나타내시오.

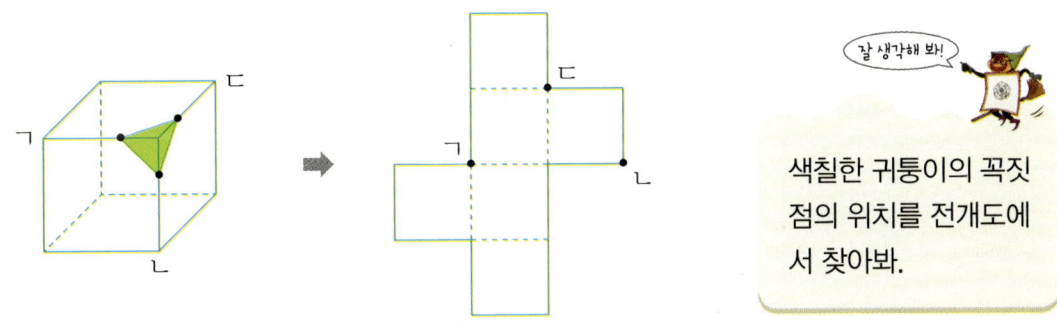

잘 생각해 봐!

색칠한 귀퉁이의 꼭짓점의 위치를 전개도에서 찾아봐.

[색칠된 정육면체의 전개도]

2 다음 그림과 같이 세 면이 색칠된 정육면체의 전개도로 알맞은 것을 고르시오.

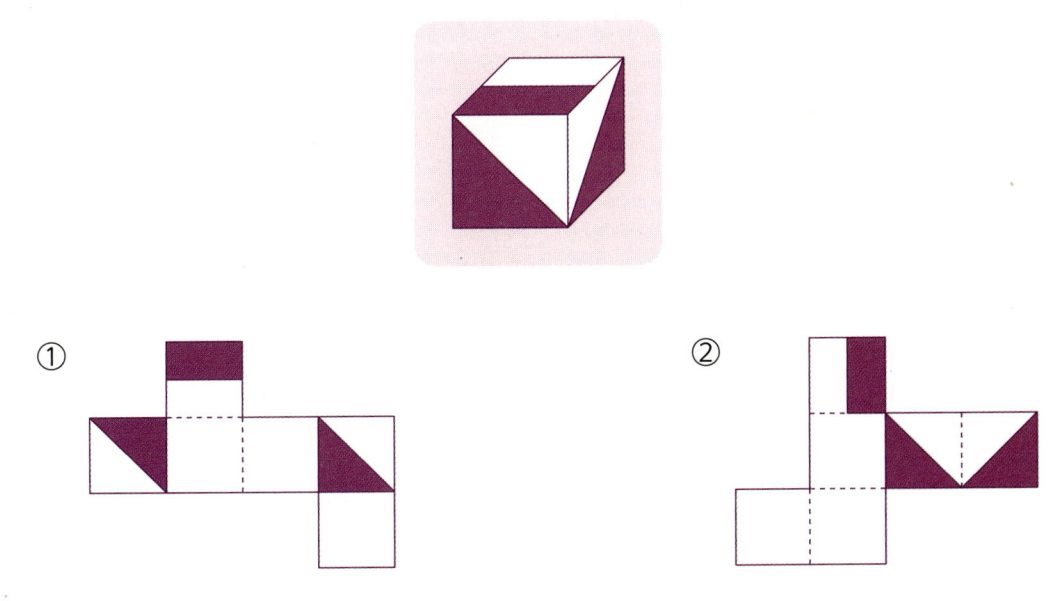

① ②

선이 있는 전개도

선분 4개가 그어진 정육면체의 전개도를 완성하여 봅시다.

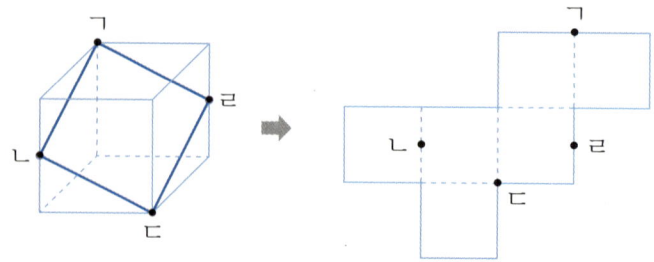

❶ 오른쪽 전개도에 선분 ㄴㄷ과 선분 ㄷㄹ을 그리시오.

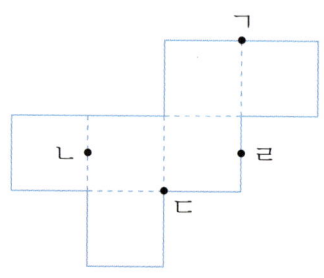

❷ 전개도를 접었을 때 점 ㄱ과 만나는 점을 찾아 ㄱ이라 표시하고, 선분 ㄱㄴ을 그리시오.

❸ 전개도를 접었을 때 점 ㄹ과 만나는 점을 찾아 ㄹ이라 표시하고, 선분 ㄱㄹ을 그리시오.

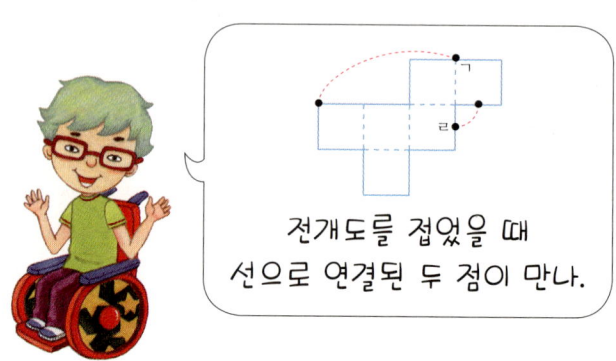

전개도를 접었을 때
선으로 연결된 두 점이 만나.

[선분 긋기]

1 다음과 같이 선분 3개가 그어진 정육면체의 전개도가 있습니다. 이 전개도를 접었을 때의 모양을 완성하시오.

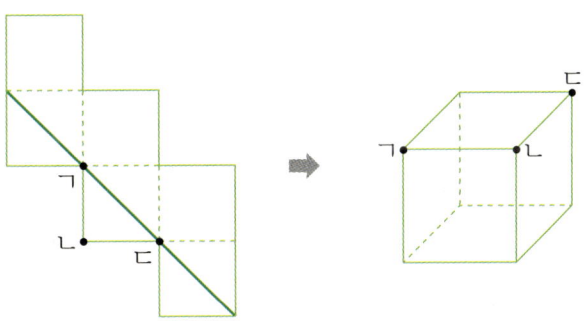

[가장 짧은 거리]

2 정육면체의 꼭짓점 ㄱ에서 출발하여 꼭짓점 ㅁ으로 가는 가장 짧은 거리를 오른쪽 전개도에 나타내시오.

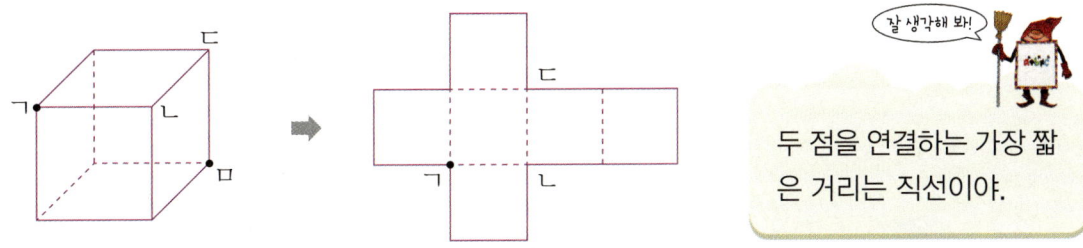

잘 생각해 봐!

두 점을 연결하는 가장 짧은 거리는 직선이야.

6 직육면체의 전개도

초이가 모서리의 길이가 2, 1, 1인 직육면체를 하나 그렸습니다.

한입 요괴야~
이 직육면체의
서로 다른 전개도는
몇 가지나 될까?

초이

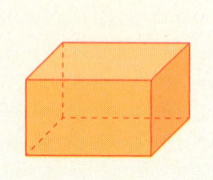

한입 요괴

정육면체의 서로
다른 전개도는 11가지
이니까 그것보다는
좀 더 많을 거야.

위와 같이 모서리의 길이가 2종류인 직육면체의 서로 다른 전개도는 29가지입니다.
직육면체의 서로 다른 전개도를 그릴 때에는 정육면체의 전개도와 마찬가지로 기준을
세운 후, 경우를 따져 중복되지 않고 빠짐 없이 모두 그릴 수 있도록 합니다.

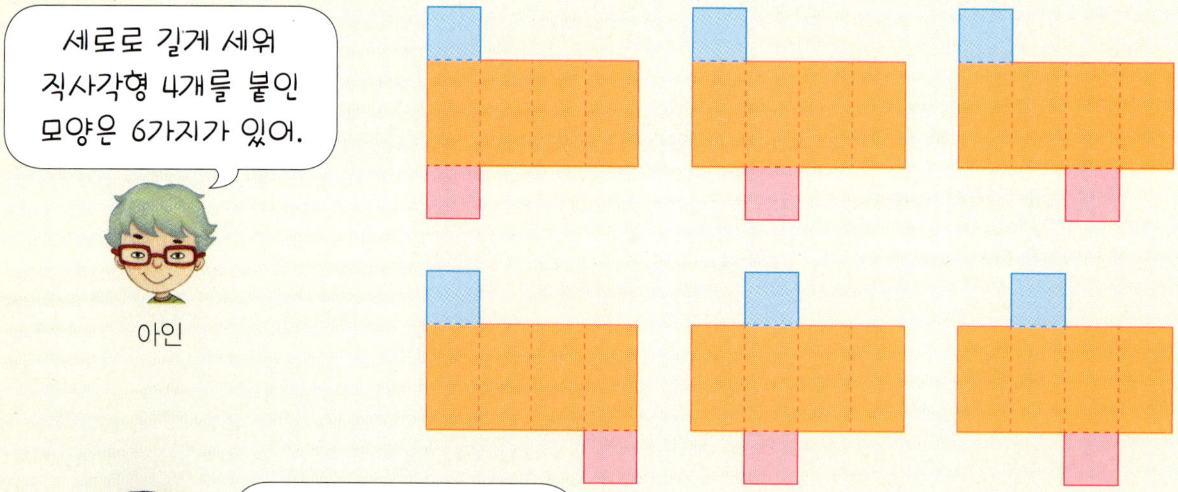

세로로 길게 세워
직사각형 4개를 붙인
모양은 6가지가 있어.

아인

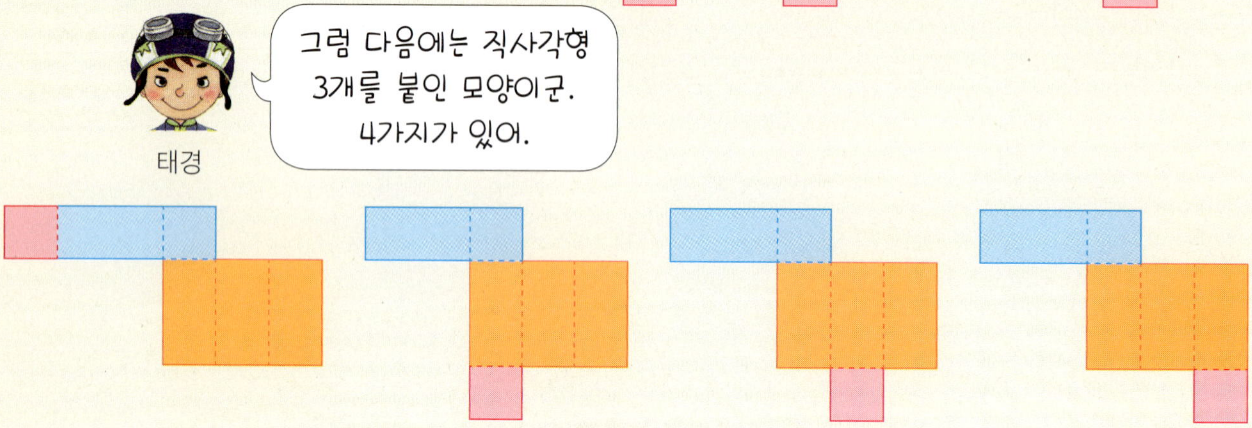

그럼 다음에는 직사각형
3개를 붙인 모양이군.
4가지가 있어.

태경

직육면체의 전개도를 완성하시오.

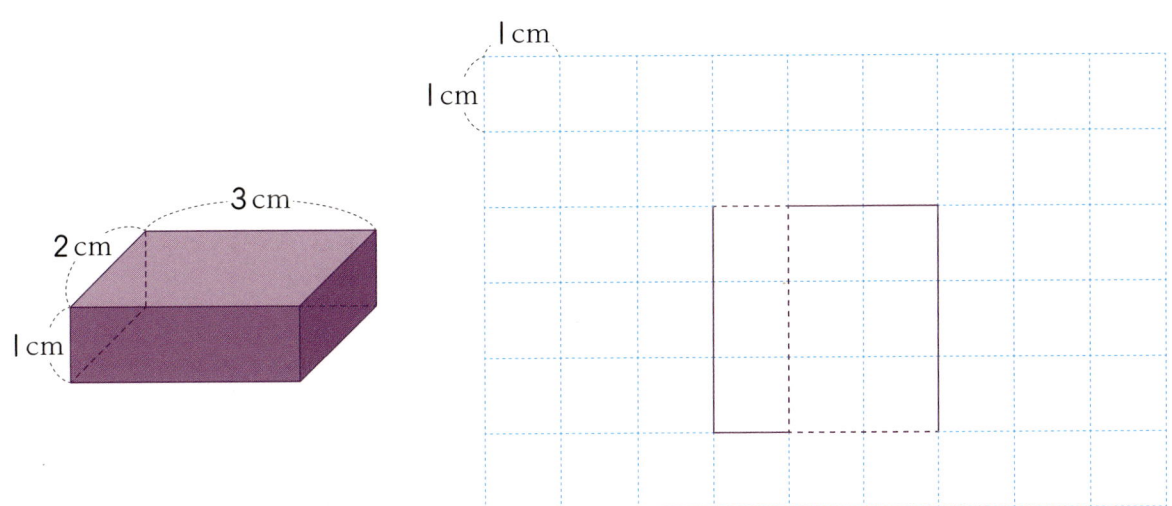

왼쪽 그림을 겨냥도라고 하지. 겨냥도를 그릴 때에는 서로 평행인 모서리는 평행이 되도록 그리고, 보이는 모서리는 실선, 보이지 않는 모서리는 점선으로 그려.

전개도에서 접는 부분은 점선으로, 나머지 부분은 실선으로 그려.

노크 포인트

직육면체는 길이가 같은 모서리가 **4**개씩 있고, 마주 보는 두 면은 서로 모양과 크기가 같습니다. 직육면체의 전개도를 접었을 때 서로 만나는 모서리의 길이는 같고 마주 보는 면은 모양과 크기가 같아야 합니다.

모양과 크기가 같음   길이가 같음

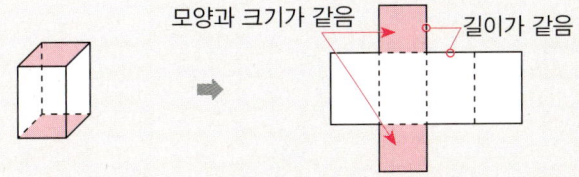

직육면체의 서로 다른 전개도 중 둘레가 가장 짧은 전개도는 가장 긴 모서리가 접히는 부분이 되도록 만들면 됩니다.

색종이로 직육면체 만들기

네 종류의 직사각형 모양 색종이가 여러 장씩 있습니다. 이 색종이를 사용하여 만들 수 있는 서로 다른 모양의 직육면체를 알아봅시다.

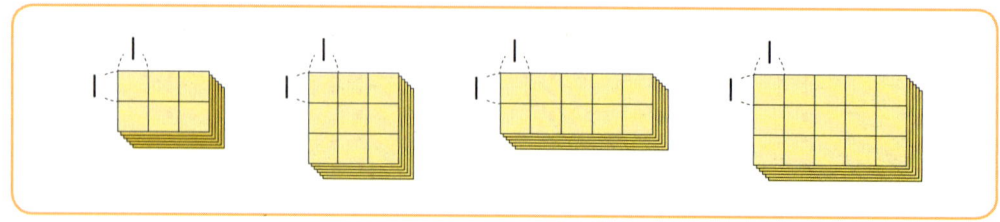

❶ 같은 종류의 색종이 6장을 모두 사용하여 만든 직육면체입니다. ☐ 안에 알맞은 수를 써넣으시오.

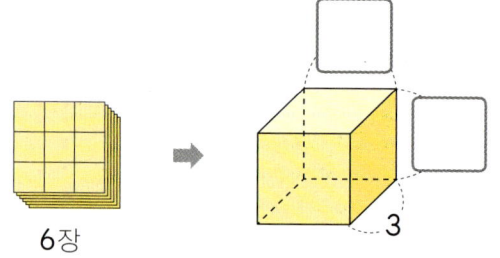

6장

3

❷ 두 종류의 색종이를 사용하여 만든 직육면체입니다. 빈 곳에 직육면체의 겨냥도를 그리고 모서리의 길이를 쓰시오.

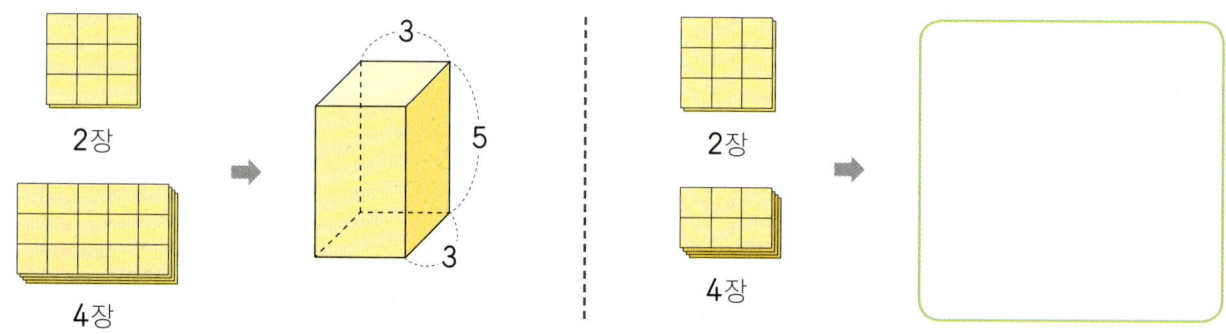

2장

4장

3

5

3

2장

4장

❸ 세 종류의 색종이를 2장씩 사용하여 만들 수 있는 직육면체의 겨냥도를 빈 곳에 그리고 모서리의 길이를 쓰시오.

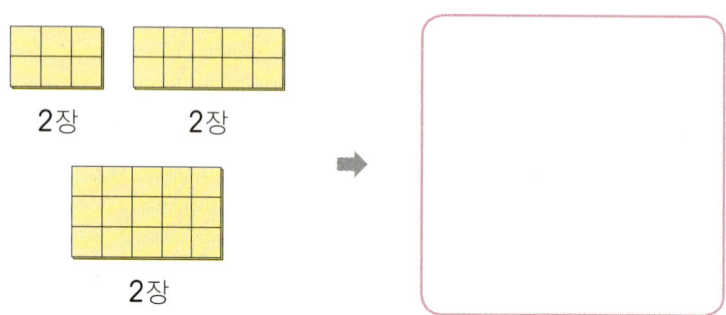

2장   2장

2장

[색종이 수 구하기]

1 왼쪽 색종이를 사용하여 오른쪽 직육면체를 만들었습니다. 필요한 색종이의 수를
☐ 안에 써넣으시오.

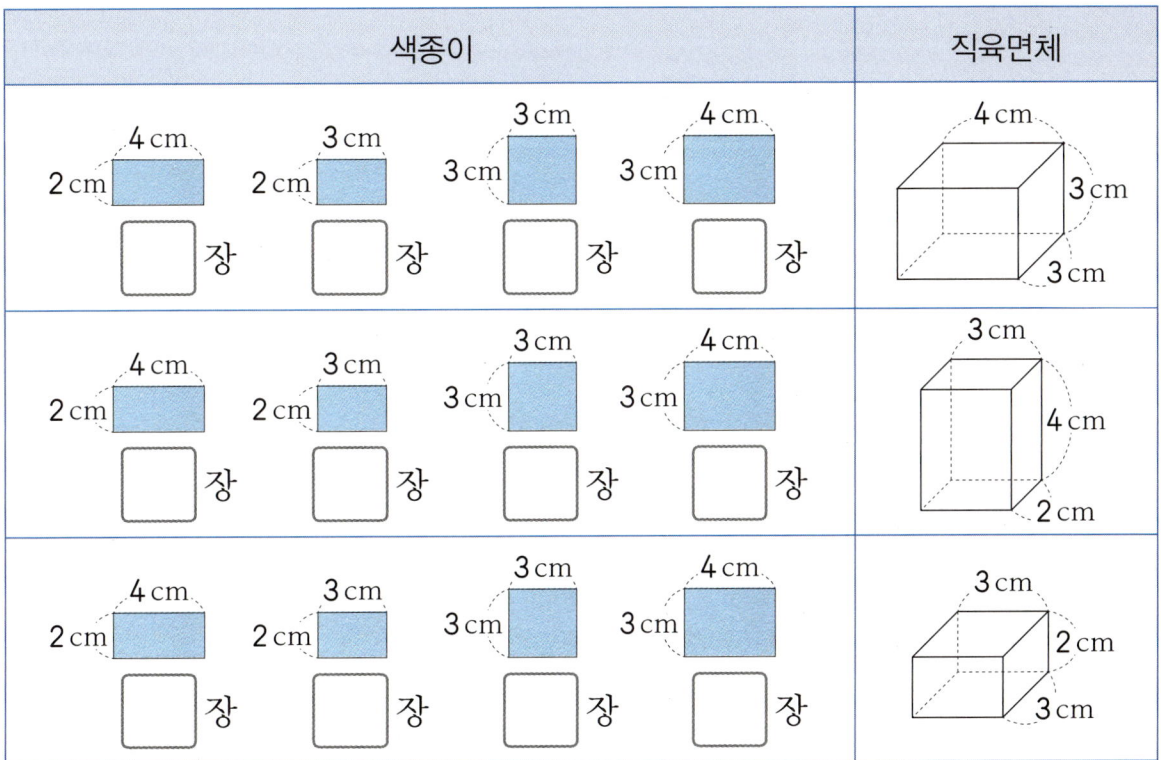

[겨냥도 완성하기]

2 다음 6장의 색종이를 이용하여 만들 수 있는 직육면체의 겨냥도를 완성하시오.

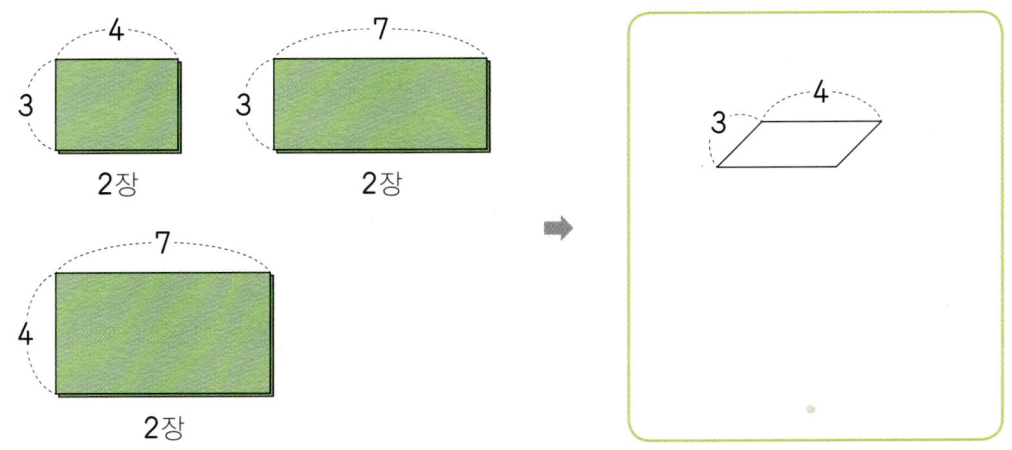

전개도의 둘레

직육면체의 전개도를 그릴 때, 전개도의 둘레가 가장 긴 경우와 가장 짧은 경우의 길이를 구해 봅시다.

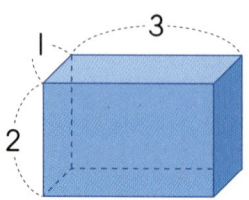

❶ 다음은 둘레가 가장 짧을 때의 전개도입니다. 전개도의 둘레를 구하시오.

전개도에서 점선으로 된 접는 부분은 한 면에서 보면 모두 길이가 가장 긴 모서리야.

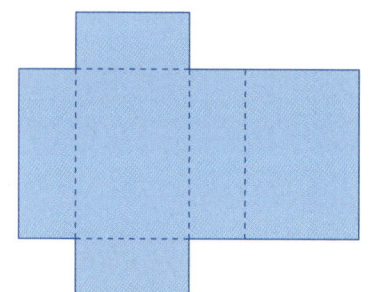

둘레가 짧으려면 길이가 가장 긴 모서리가 접는 부분이 되어야 해.

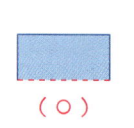 

(○)   (×)

❷ 다음은 둘레가 가장 길 때의 전개도입니다. 전개도의 둘레를 구하시오.

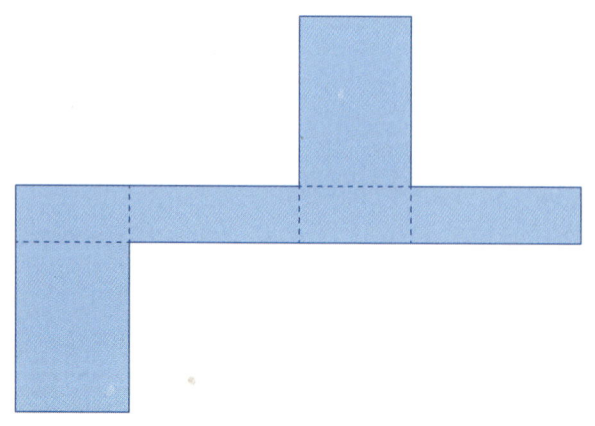

전개도의 접는 부분은 모두 길이가 가장 짧은 모서리야.

[전개도의 둘레]

1 다음은 오른쪽 직육면체의 전개도를 2가지 방법으로 그린 것입니다. 전개도의 둘레를 구하여 ☐ 안에 써넣으시오.

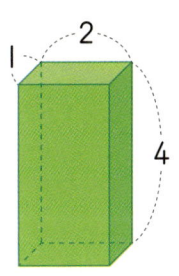

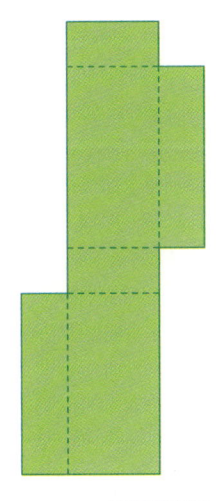

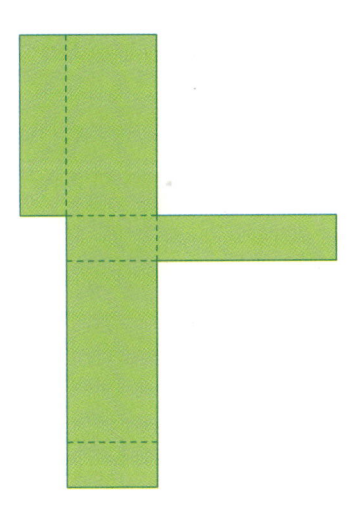

둘레: ☐   둘레: ☐

[가장 짧을 때의 둘레]

2 모서리의 길이가 각각 2, 3, 4인 직육면체의 전개도를 그립니다. 전개도의 둘레가 가장 짧을 때의 길이를 구하시오.

각 면을 이루는 모서리 중 긴 모서리가 전개도의 접는 부분이 되어야 해.

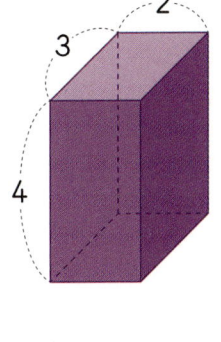

1 다음 모눈종이 위에 정육면체의 서로 다른 전개도 11가지를 모두 그리시오. (단, 돌리거나 뒤집어서 같은 모양은 한 가지로 봅니다.)

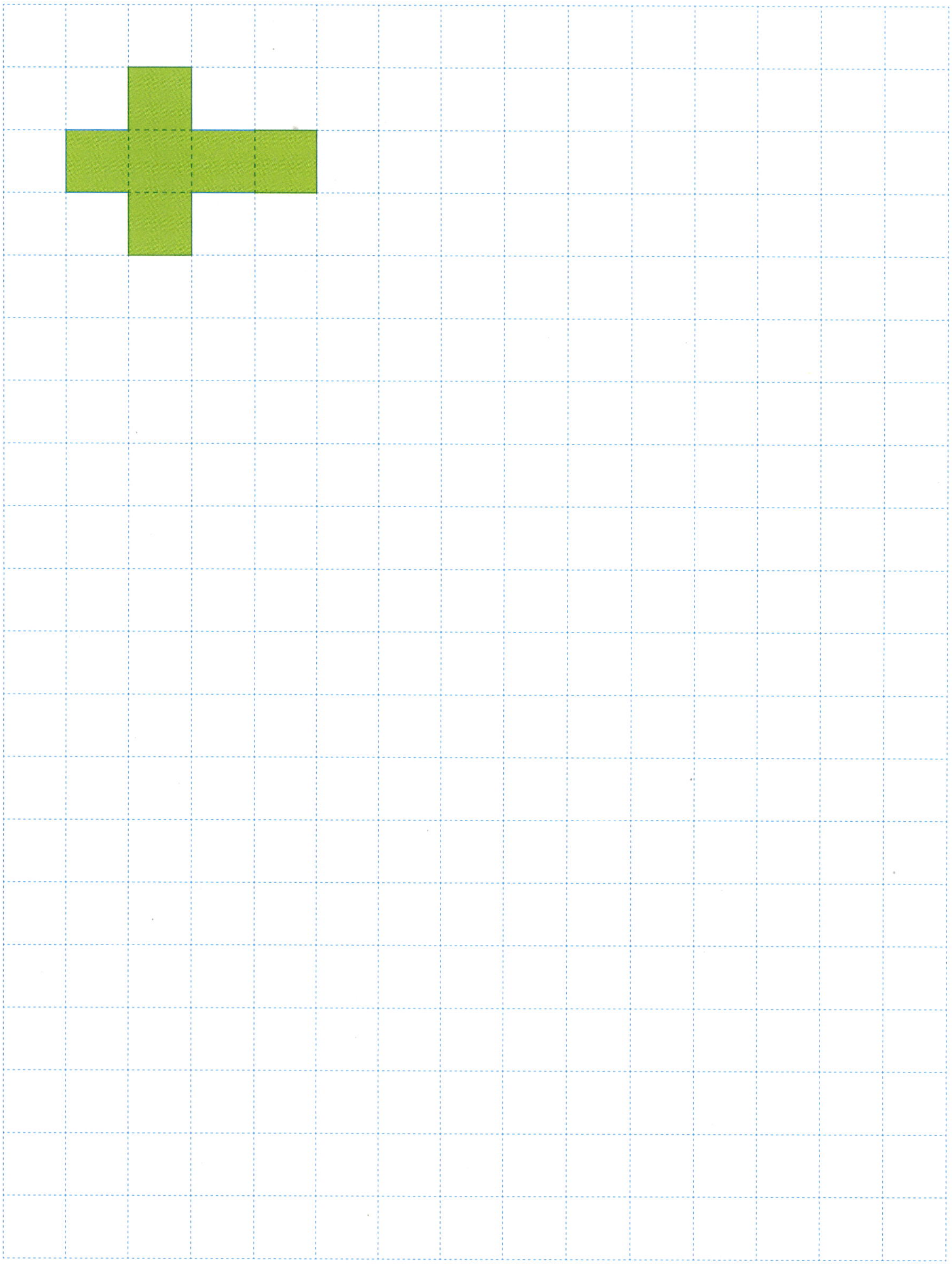

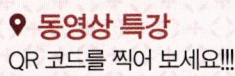
2 다음 전개도를 접었을 때의 모양을 고르시오.

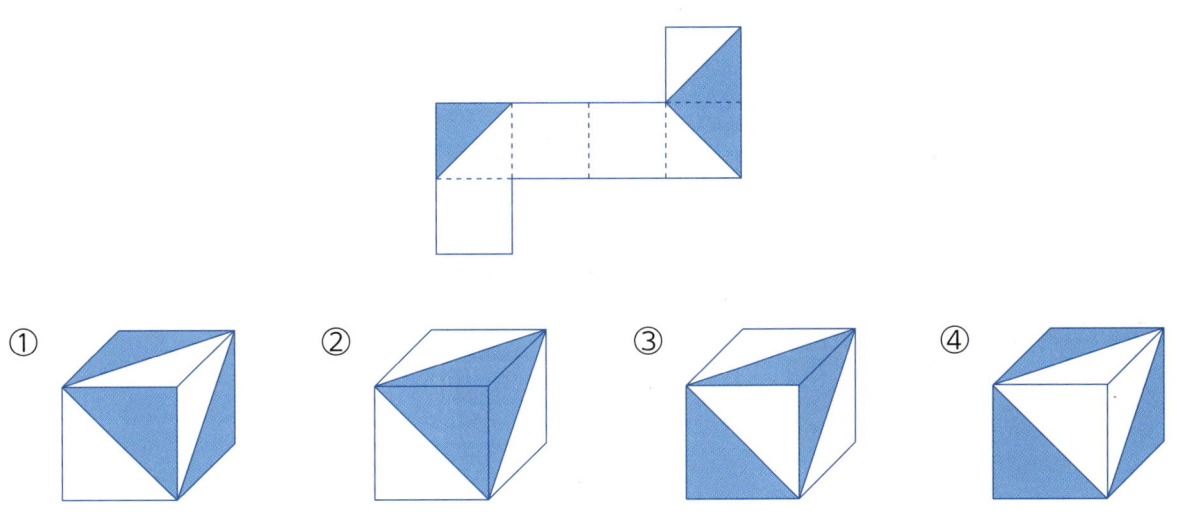

3 다음 직육면체의 전개도를 모눈종이 위에 알맞게 그리시오.

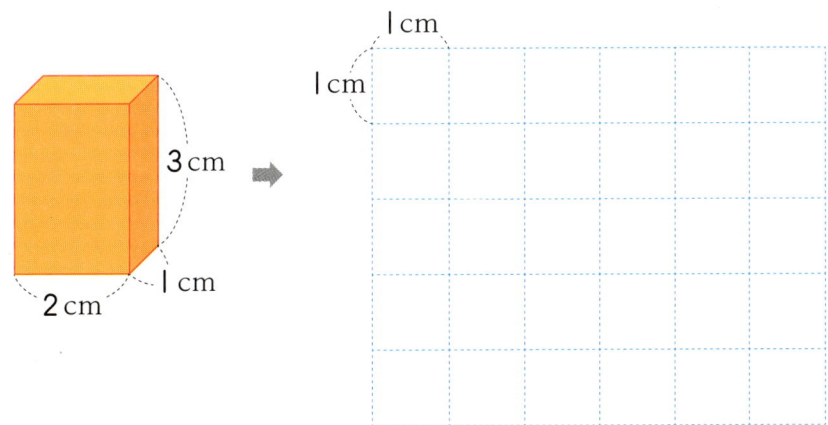

Chapter 3

정육면체

색칠한 정육면체

루빅스 큐브는 여러 개의 작은 정육면체가 모여 만들어진 하나의 큰 정육면체 형태로, 조각을 여러 방향으로 돌려서 각 면의 색깔을 같은 색으로 맞추는 퍼즐입니다.

이 퍼즐은 1974년 헝가리의 루비크 에르뇌가 발명한 것으로 발명자의 이름을 따 루빅스 큐브라고 부릅니다.

매년 루빅스 큐브 대회가 여러 나라에서 열리는데 2015년에 미국에서 열린 대회에서 14살의 루카스 에터가 4.9초 만에 큐브를 맞추었다고 합니다.

손이 보이지 않는군.

루빅스 큐브를 나누어 보면 한가운데에 큐브를 연결하는 막대가 있고 모두 26개의 작은 조각으로 나누어집니다. 이 조각들은 위치에 따라 중앙 조각, 꼭짓점 조각, 모서리 조각으로 나누어집니다.

꼭짓점 조각

모서리 조각

중앙 조각

중앙 조각이 각 면에 하나씩 모두 6개가 있군.

🌀 루빅스 조각은 위치에 따라 중앙 조각, 꼭짓점 조각, 모서리 조각으로 나누어집니다. 중앙 조각은 색칠된 면이 1개입니다. 꼭짓점 조각과 모서리 조각은 색칠된 면이 각각 몇 개인지 표를 완성하시오.

루빅스 조각	중앙 조각	꼭짓점 조각	모서리 조각
색칠된 면의 개수	1		

루빅스 26조각 중 색칠된 면이 1개, 2개, 3개인 조각은 각각 몇 개입니까?

색칠된 면이 1개인 조각: ☐ 개

색칠된 면이 2개인 조각: ☐ 개

색칠된 면이 3개인 조각: ☐ 개

꼭짓점 조각은 정육면체의 꼭짓점의 수와 같군.

정육면체의 모서리는 12개야.
← 모서리

노크 포인트

정육면체의 겉면을 모두 색칠한 다음 각 모서리를 똑같이 셋으로 나누어 같은 크기의 작은 정육면체 27개를 만들 때
① 세 면이 색칠된 작은 정육면체는 큰 정육면체의 꼭짓점 부분,
② 두 면이 색칠된 작은 정육면체는 큰 정육면체의 모서리 부분,
③ 한 면이 색칠된 작은 정육면체는 큰 정육면체의 면 부분에 있습니다.
④ 한 면도 색칠되지 않은 작은 정육면체는 한가운데 조각 1개입니다.

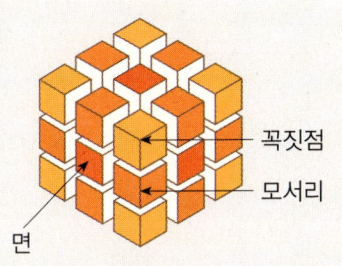
꼭짓점
모서리
면

색칠한 정육면체 자르기

정육면체의 겉면을 모두 색칠한 다음, 각 모서리를 똑같이 넷으로 나누어 작은 정육면체 64개를 만들었습니다. 한 면도 색칠되지 않은 작은 정육면체의 개수를 알아봅시다.

❶ 다음 그림에 한 면, 두 면, 세 면이 색칠된 작은 정육면체를 각각 찾아 색칠하고 그 개수를 구하시오.

색칠된 면의 개수	한 면	두 면	세 면
색칠하기			
개수 구하기	$4 \times 6 = 24$(개)		

❷ 한 면도 색칠되지 않은 작은 정육면체는 모두 몇 개입니까?

작은 정육면체
전체 개수에서 색칠된
정육면체의 개수를 빼.

[세 면이 칠해진 정육면체]

1 태경이는 겉면이 모두 색칠된 큰 정육면체를 크기가 같은 1000개의 작은 정육면체로 나누었습니다. 세 면이 색칠된 작은 정육면체는 모두 몇 개입니까?

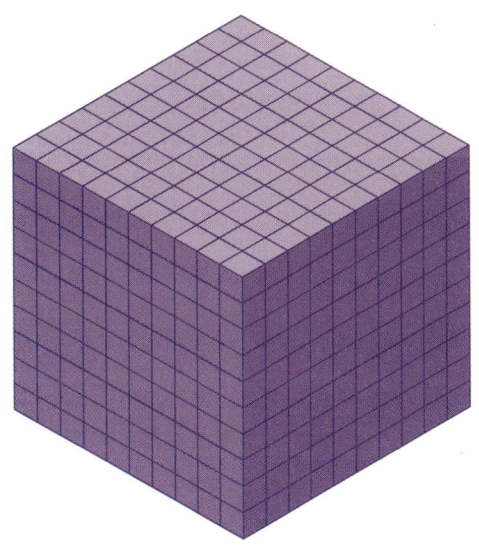

[두 면이 색칠된 정육면체]

2 정육면체의 겉면을 모두 색칠한 다음, 다음과 같이 잘랐습니다. 두 면이 색칠된 작은 정육면체는 모두 몇 개입니까?

색칠한 쌓기나무

그림과 같이 쌓기나무를 쌓은 후, 바닥을 포함한 모든 겉면을 색칠하였습니다. 세 면이 색칠된 쌓기나무의 개수를 구해 봅시다.

❶ 세 면이 색칠된 쌓기나무를 모두 찾아 색칠하시오.

2층과 3층에는 꼭짓점 부분에 세 면이 색칠된 쌓기나무가 있어.

바닥에도 색칠하는 것을 생각하면 1층에 있는 꼭짓점 부분은 네 면이 색칠되어 있어.

❷ 세 면이 색칠된 쌓기나무의 개수를 구하여 표를 완성하시오.

층	1층	2층	3층	4층
개수	20			

❸ 세 면이 색칠된 쌓기나무는 모두 몇 개입니까?

1 다음과 같이 쌓기나무 27개로 쌓은 쌓기나무의 바닥을 포함한 모든 겉면을 색칠했을 때, 네 면이 색칠된 쌓기나무는 모두 몇 개입니까?

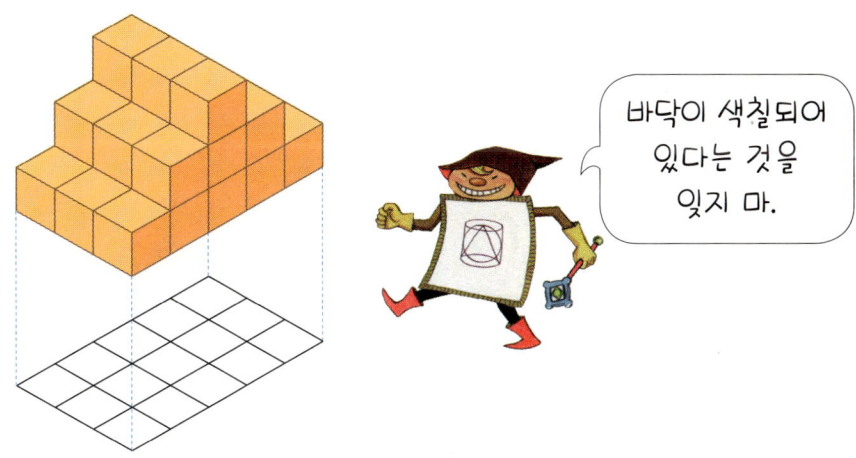

바닥이 색칠되어 있다는 것을 잊지 마.

[세 면이 색칠된 쌓기나무]

2 다음과 같이 벽에 닿게 쌓기나무를 쌓고, 바닥을 포함한 모든 겉면에 색칠을 했습니다. 세 면이 색칠된 쌓기나무는 모두 몇 개입니까?

벽면에 닿는 면도 색칠했어. 각 층으로 나누어 생각해 봐.

4층에는 없고, 3층에는 3개가 있군.

 **정육면체 주사위**

아인이가 주사위 **2**개를 책상 위에 놓고, 주사위의 원리에 대해 이야기하고 있습니다.

7점 원리는 다 알고 있어. 마주 보는 면의 수의 합이 7인 거지.

주사위에는 7점 원리 말고 다른 원리가 하나 더 있어.

딴소리 요괴

아인

위의 두 주사위는 언뜻 보면 같은 주사위로 보이지만 엄연히 서로 다른 주사위입니다.
왼쪽 주사위를 돌리거나 뒤집어도 오른쪽 주사위가 될 수 없습니다.

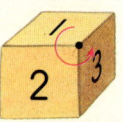

1, 2, 3의 수가 시계 반대 방향으로 놓여 있습니다.
→ 좌회전 주사위

1, 2, 3의 수가 시계 방향으로 놓여 있습니다.
→ 우회전 주사위

우리나라의 대부분의 주사위는 좌회전 주사위야.

우회전 주사위가 더 많이 사용되는 나라도 있어. 우회전 주사위라고 잘못된 주사위는 아니야.

다음 중 다른 종류의 주사위를 찾아 ◯표 하시오.

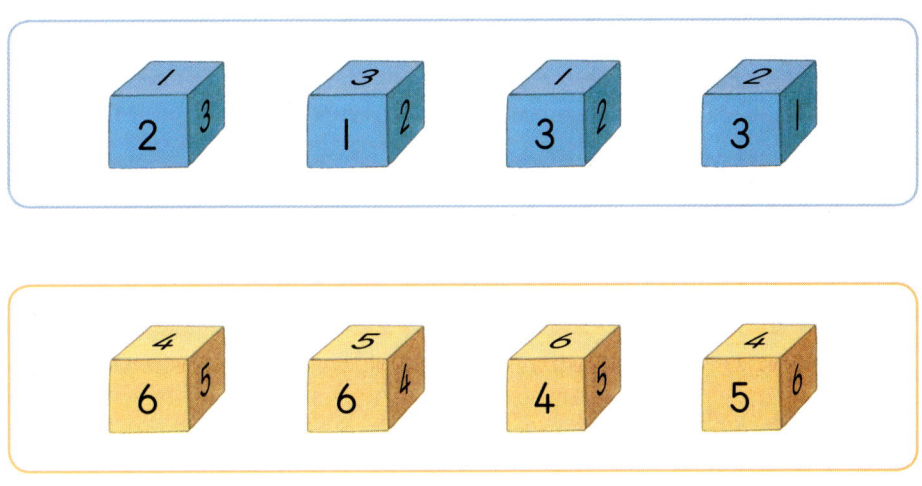

 **노크 포인트**

주사위의 원리에는 **7**점 원리와 좌회전의 원리가 있습니다.

① 마주 보는 면의 수의 합이 항상 **7**인 것을 7점 원리라고 합니다.

따라서 한 번에 보이는 세 면의 수 중 두 수의 합이 **7**이 되는 경우는 없습니다.

 (✕)

2와 5는 마주 보는 면의 수이므로
한 점에 모인 세 면에 놓일 수 없습니다.

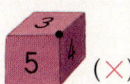 (✕)

3과 4는 마주 보는 면의 수이므로
한 점에 모인 세 면에 놓일 수 없습니다.

② 주사위의 눈 (**1, 2, 3**) 또는 (**4, 5, 6**)이 시계 반대 방향으로 놓여 있을 때 좌회전 주사위라고 합니다.

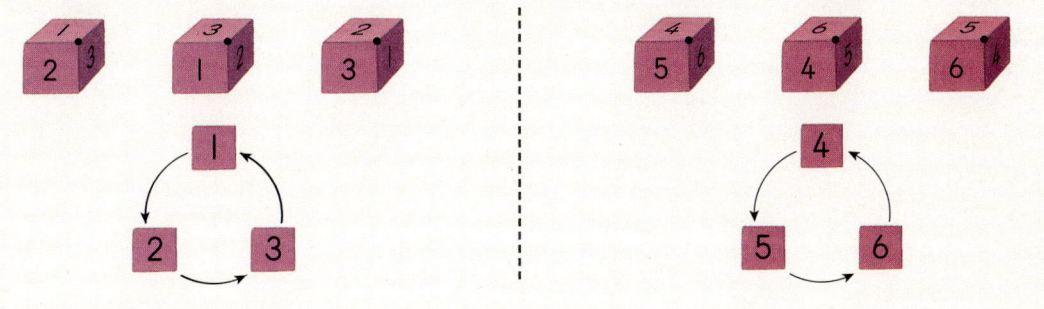

한 꼭짓점을 중심으로
수의 순서대로
화살표를 그려 봐.

좌회전 주사위

다음 중 다른 주사위 하나를 찾아봅시다. (단, 주사위는 모두 7점 원리가 적용되고, 주사위에 적힌 숫자의 방향은 생각하지 않습니다.)

❶ 다음 왼쪽 주사위는 윗면이 1인 좌회전 주사위의 기본 모양입니다. 윗면을 그대로 두고 오른쪽 옆면이 앞면이 되도록 90°씩 돌렸습니다. ①번 주사위는 좌회전 주사위입니까? 우회전 주사위입니까?

❷ 윗면을 2, 3으로 하고 ❶과 같은 방법으로 좌회전 주사위를 돌렸습니다. 주사위의 비어 있는 면에 알맞은 수를 쓰시오.

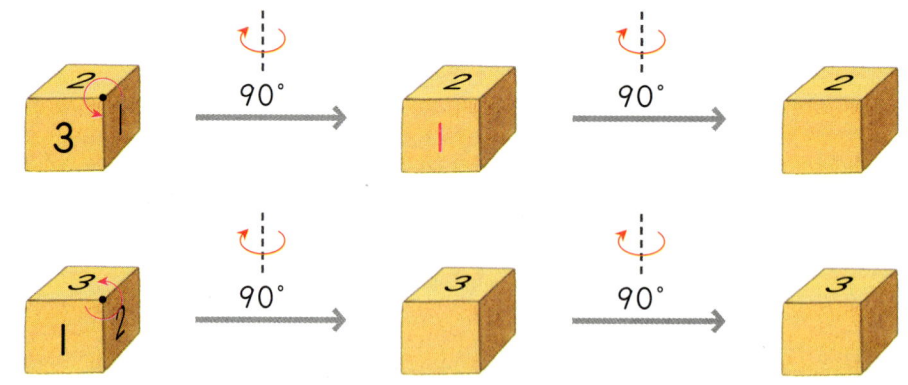

❸ 4개의 주사위 중 다른 주사위를 찾아 번호를 쓰시오.

[수의 합]

1 다음은 7점 원리가 적용된 주사위입니다. 이 주사위의 꼭짓점 ㄱ에서 만나는 세 면의 수의 합이 ㅣ＋2＋3＝6일 때, 꼭짓점 ㄴ에서 만나는 세 면의 수의 합은 얼마입니까?

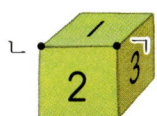

7점 원리를 이용하여 3과 마주 보는 면의 수를 구해 봐.

[같은 주사위 찾기]

2 다음 중 같은 종류의 주사위끼리 선으로 이으시오. (단, 주사위에 적힌 숫자의 방향을 생각하지 않습니다.)

   ·

·

   ·

·

세 면의 수의 합

다음은 1부터 6까지의 수가 적힌 7점 원리의 주사위입니다. 이 주사위의 꼭짓점 ㄱ과 ㄴ에서 만나는 세 면의 수의 합이 각각 6과 9입니다. 이 주사위의 색칠된 면의 수는 얼마인지 알아봅시다.

꼭짓점 ㄴ에서 만나는 세 면의 수의 합이 9야.

❶ 꼭짓점 ㄴ에서 만나는 세 면의 수의 합이 9가 되는 경우를 모두 구해 보시오.

(1 , 2 , 6), (□ , □ , □), (□ , □ , □)

❷ ❶에서 구한 세 면의 수 중 한눈에 보이는 세 면의 수로 가능한 경우를 찾아 쓰시오.

(□ , □ , □)

7점 원리에 따르면 1과 6, 3과 4는 서로 마주 보는 면이야. 따라서 한눈에 보이는 세 면의 수가 될 수 없지.

❸ 꼭짓점 ㄱ에서 만나는 세 면의 수의 합은 6입니다. 세 면의 수를 쓰시오.

(□ , □ , □)

❹ ❷에서 ❷와 ❸의 공통인 수를 빼면 색칠된 면의 수가 됩니다. 색칠된 면의 수를 구하시오.

1 다음은 7점 원리의 주사위입니다. 한 꼭짓점에서 만나는 세 면의 수의 합이 가장 클 때 그 합을 구하시오.

2 다음은 1부터 6까지의 수가 적힌 7점 원리의 주사위입니다. 꼭짓점 ㄱ과 ㄴ에서 만나는 세 면의 수의 합이 각각 14와 15입니다. 색칠한 면의 수는 얼마입니까?

4+5+6=15

태경이가 정육면체의 윗면과 오른쪽 옆면에 대각선을 그었습니다.

거꾸로 요괴야~
두 대각선이 이루는
각의 크기는 몇 도니?

태경

정육면체의 윗면과
옆면은 수직으로 만나.
그러니 90°야.

거꾸로 요괴

두 대각선이 이루는 각의 크기가 **90°**가 아니라고 생각한 태경이가 앞면에 대각선을 하나 더 그어서 대각선으로 이루어진 삼각형을 만들었습니다.

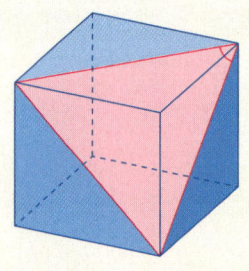

색칠한 삼각형의
세 변은 길이가 같은
정사각형의 대각선으로
모두 길이가 같아.

조이

색칠한 삼각형은
세 변의 길이가 같은
정삼각형이야.

지오

정삼각형의 한 각의
크기는 몇 도일까?

태경

4️⃣ 정육면체의 꼭짓점 또는 모서리의 가운데 점을 이은 면의 모양을 나타낸 것입니다. 관계있는 것끼리 선으로 이으시오.

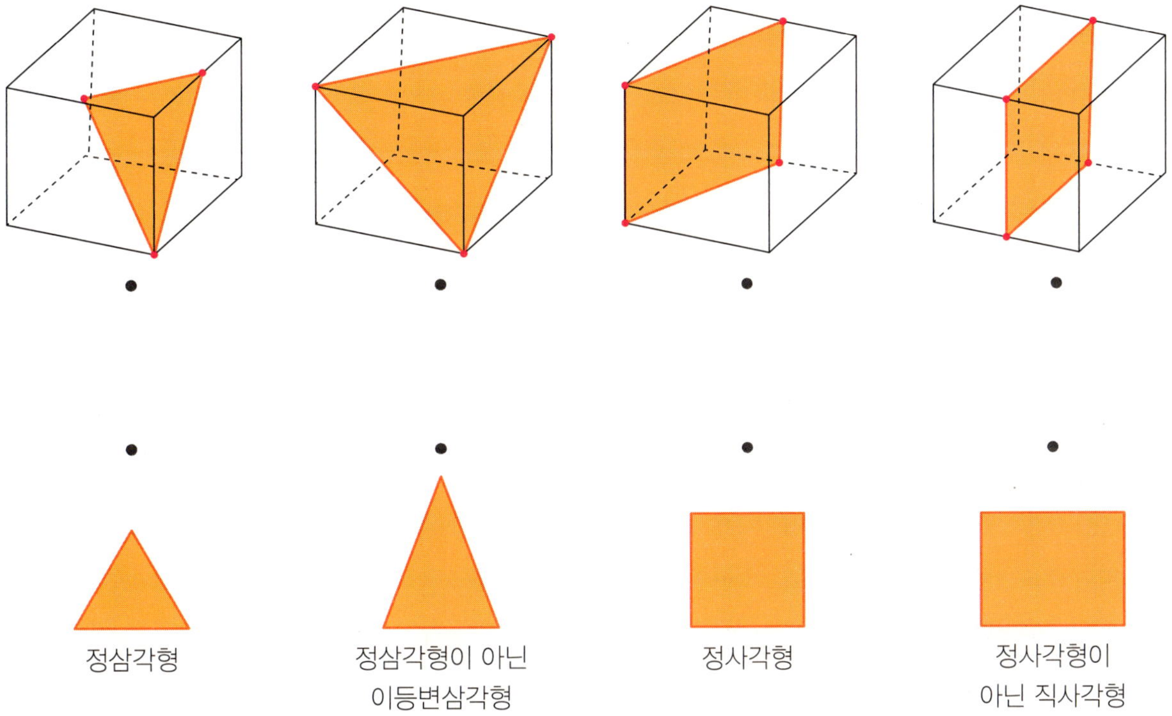

정삼각형

정삼각형이 아닌
이등변삼각형

정사각형

정사각형이
아닌 직사각형

정육면체를 평면으로
잘랐을 때 여러 가지
모양이 나오는군.

이런 식으로 자르면
자른 면의 모양은
정육각형(⬡)이 나와.

노크 포인트

정육면체를 평면으로 한 번 잘랐을 때 잘린 면은 삼각형, 사각형, 오각형, 육각형 등 여러 가지 모양이 나옵니다.

투명한 정육면체에 그은 굵은 선을 위, 앞, 옆에서 볼 때 굵은 선은 테두리로 보입니다.
다음은 윗면에 그어진 굵은 선을 앞에서 본 모양입니다.

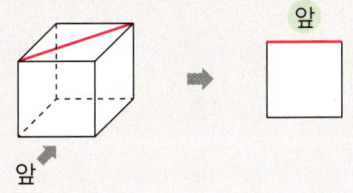

투명한 정육면체

투명한 정육면체 모양의 상자에 3가지 색의 굵은 선을 그은 후 앞에서 본 모양을 알아본 것입니다.

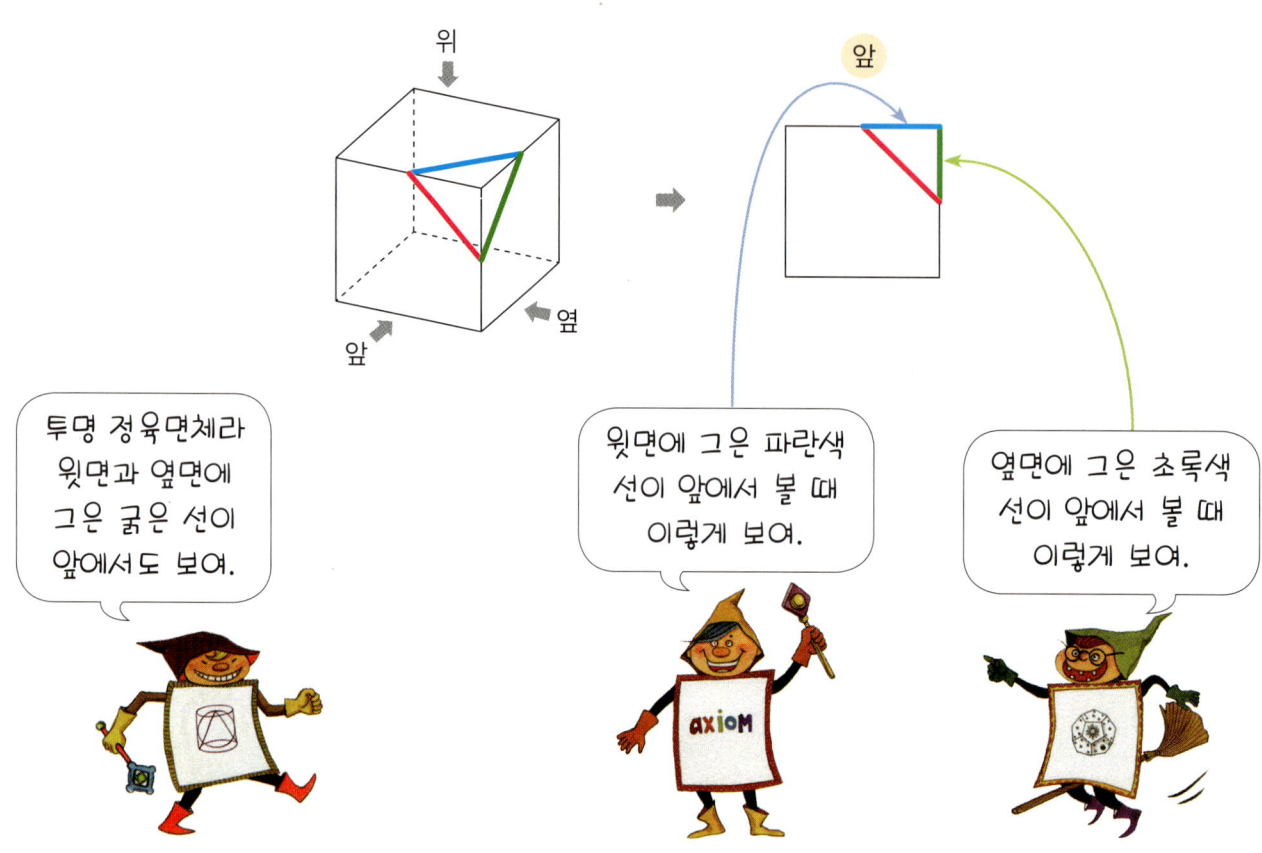

투명 정육면체라 윗면과 옆면에 그은 굵은 선이 앞에서도 보여.

윗면에 그은 파란색 선이 앞에서 볼 때 이렇게 보여.

옆면에 그은 초록색 선이 앞에서 볼 때 이렇게 보여.

위와 옆에서 본 모양을 빈 곳에 그려 보시오.

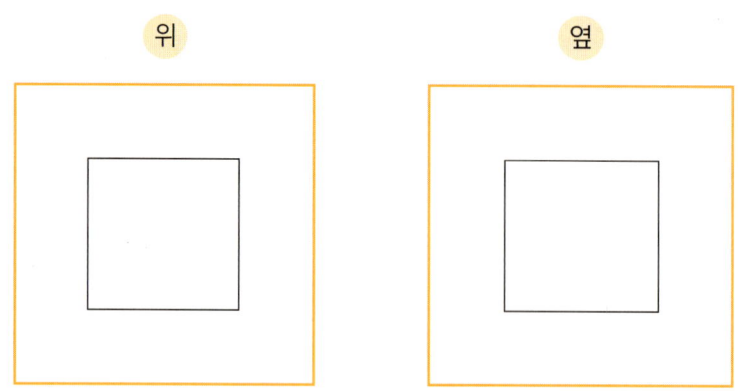

위

옆

[투명한 정육면체의 위, 앞, 옆 모양]

1 투명한 정육면체의 세 면에 굵은 선을 그린 후 위에서 본 모양을 그렸습니다. 앞과 옆에서 본 모양을 빈 곳에 각각 그리시오.

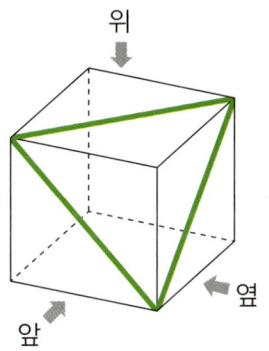

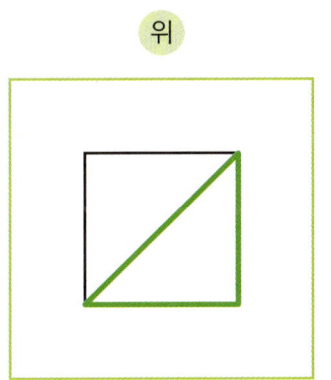
위

앞

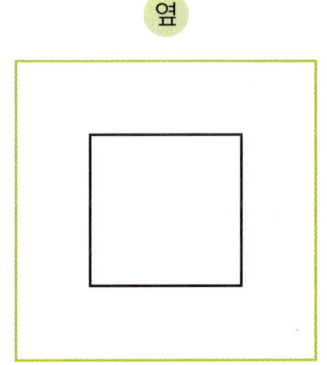
옆

[투명한 정육면체의 위, 앞, 옆 모양]

2 투명한 정육면체의 윗면과 아랫면에 굵은 대각선을 그었습니다. 위, 앞, 옆에서 본 모양을 빈 곳에 각각 그리시오.

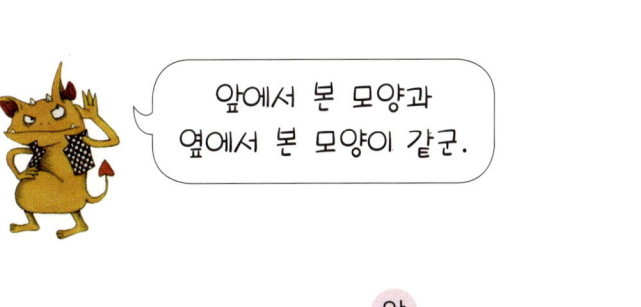

앞에서 본 모양과 옆에서 본 모양이 같군.

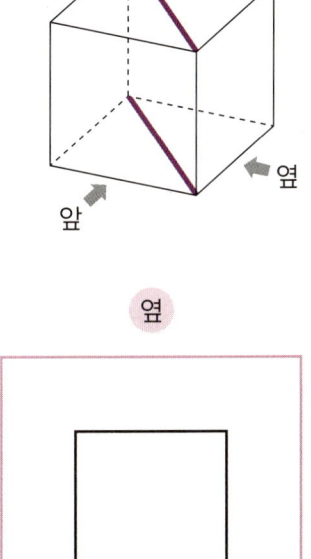

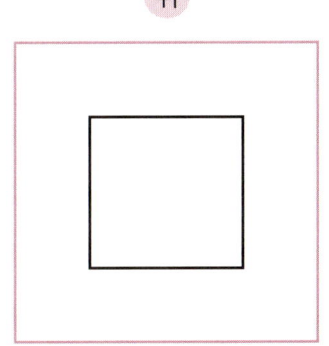
위

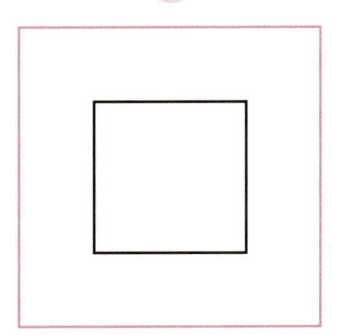
앞

옆

마주 보는 면의 모양

다음은 여러 가지 모양이 그려진 주사위를 여러 방향으로 돌려가며 본 것입니다. 마주 보는 면의 모양끼리 짝 지어 봅시다.

❶ 한눈에 보이는 세 면의 모양은 서로 마주 보는 면의 모양이 될 수 없습니다. ◯와 마주 보는 면의 모양이 아닌 것에 ✕표, ◯와 마주 보는 면의 모양에 ◯표 하시오.

모양	✚	◼	🟡	✚	◻
◯와 마주 보는 모양	✕	✕			

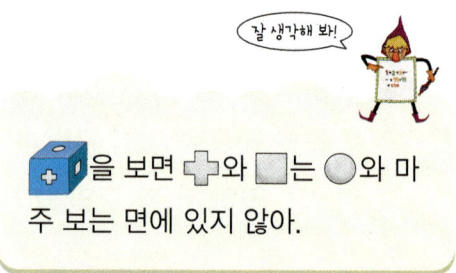

❷ ❶과 같은 방법으로 표를 완성하여 🟡와 마주 보는 면의 모양을 찾으시오.

모양	✚	◼	◯	✚	◻
🟡와 마주 보는 모양					

❸ 마주 보는 면의 모양끼리 짝 지어 보시오.

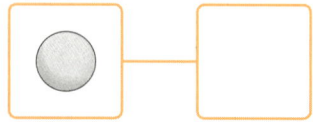  

[마주 보는 면]

1 다음은 Ⓐ, Ⓑ, Ⓒ, Ⓓ, Ⓔ, Ⓕ가 적힌 같은 주사위 3개를 한 번씩 굴린 모양입니다. 이 주사위의 전개도를 완성하시오. (단, 알파벳의 방향은 생각하지 않습니다.)

Ⓐ, ▷, ▽, ◁는 모두 같은 것이라 생각하고 문제를 해결해.

[바닥 면의 수]

2 1, 2, 3, 7, 8, 9가 적힌 주사위를 한 번씩 던져 바닥에 닿은 면의 수가 가장 큰 요괴가 이기는 게임을 합니다. 게임에서 이긴 요괴는 누구입니까?

| 잘난척 요괴 | 산만해 요괴 | 딴소리 요괴 |

창의적 문제해결력

1 크기가 같은 작은 정육면체를 쌓아 큰 정육면체를 만든 후, 바닥면을 포함한 바깥쪽 면을 모두 색칠하였습니다. 한 면만 색칠된 작은 정육면체가 24개일 때, 두 면이 색칠된 작은 정육면체는 모두 몇 개입니까?

한 면만 색칠된 작은 정육면체는 큰 정육면체의 한 면에 4개씩 있군.

2 7점 원리 주사위의 한 꼭짓점에 모이는 세 면의 수의 합이 가장 작을 때는 6, 가장 클 때는 15입니다. 6에서 15까지의 수 중 한 꼭짓점에 모이는 세 면의 수의 합이 될 수 없는 수를 모두 구하시오.

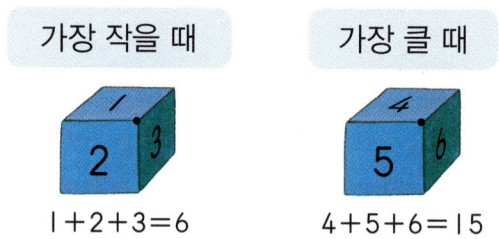

가장 작을 때

$1+2+3=6$

가장 클 때

$4+5+6=15$

각 꼭짓점에 모이는 세 면의 수의 합을 구해 봐.

3 다음 전개도를 접어 만든 정육면체 주사위를 모두 고르시오. (단, 주사위의 면에 쓰여진 숫자의 방향은 생각하지 않습니다.)

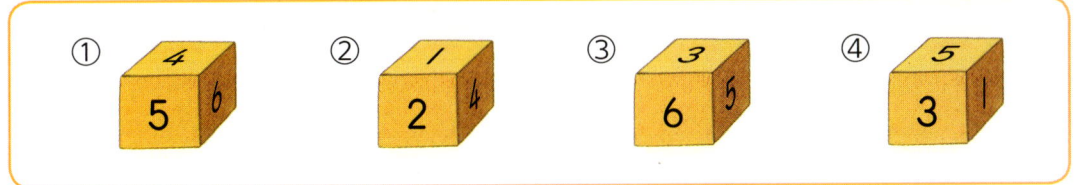

4 다음과 같이 굵은 선이 그어진 투명한 정육면체를 위, 앞, 옆에서 본 모양을 각각 그리시오.

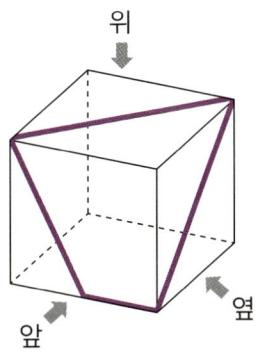

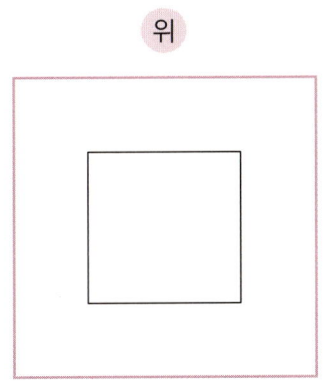

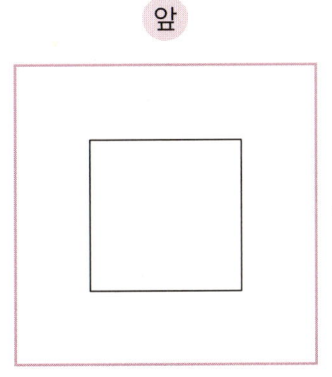

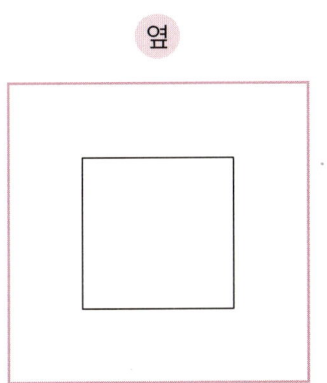

Chapter 4

입체도형

10 오일러의 정리

아이들이 책상 위에 놓인 입체도형을 관찰하고 특징을 이야기하고 있습니다.

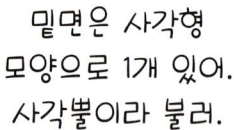
밑면은 사각형 모양으로 1개 있어. 사각뿔이라 불러.

초이

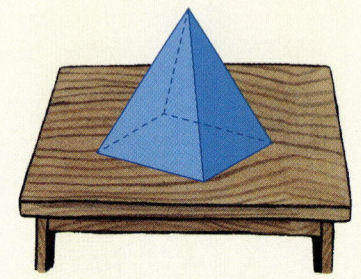

꼭짓점은 5개, 면도 5개, 모서리는 8개군.

태경

옆면은 4개야. 모두 삼각형 모양이군.

지오

꼬마 요괴들이 입체도형을 보고 잘못 이야기하고 있습니다.

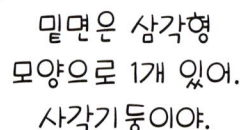
밑면은 삼각형 모양으로 1개 있어. 사각기둥이야.

잠만자 요괴

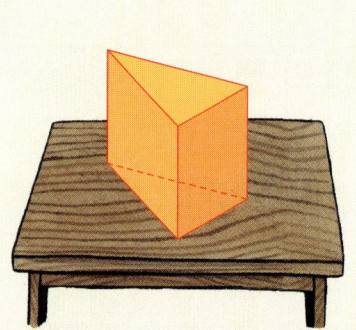

꼭짓점은 6개, 면은 4개, 모서리는 9개야.

딴소리 요괴

옆면은 3개야. 모두 삼각형 모양이군.

잘난척 요괴

꼬마 요괴들이 관찰한 내용 중 틀린 점을 찾아 바르게 고쳐 보시오.

 : 밑면은 삼각형 모양으로 1개 있어. 사각기둥이야.
                                                    2

 : 꼭짓점은 6개, 면은 4개, 모서리는 9개야.

 : 옆면은 3개야. 모두 삼각형 모양이군.

다음 입체도형을 관찰하여 표를 완성하시오.

입체도형	밑면의 모양	입체도형의 이름	꼭짓점의 수	면의 수	모서리의 수	(꼭짓점의 수) +(면의 수) −(모서리의 수)의 값
	삼각형				9	2
		사각뿔		5		
		오각기둥	10			
	육각형				12	

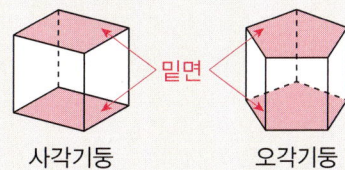

노크 포인트

각기둥은 밑면의 모양에 따라 삼각기둥, 사각기둥, 오각기둥……이라고 부릅니다.

밑면

사각기둥 　 오각기둥

각뿔은 밑면의 모양에 따라 삼각뿔, 사각뿔, 오각뿔……이라고 부릅니다.

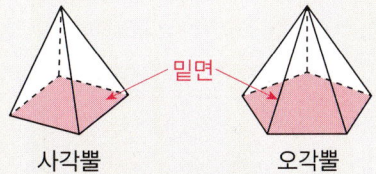

밑면

사각뿔 　 오각뿔

각기둥과 각뿔에서 (꼭짓점의 수)+(면의 수)−(모서리의 수)=2의 관계가 성립하는데, 이것을 오일러의 정리라고 합니다.

입체도형 자르기

다음은 정육면체의 꼭짓점과 모서리의 가운데 점을 지나는 평면으로 잘라낸 것입니다.

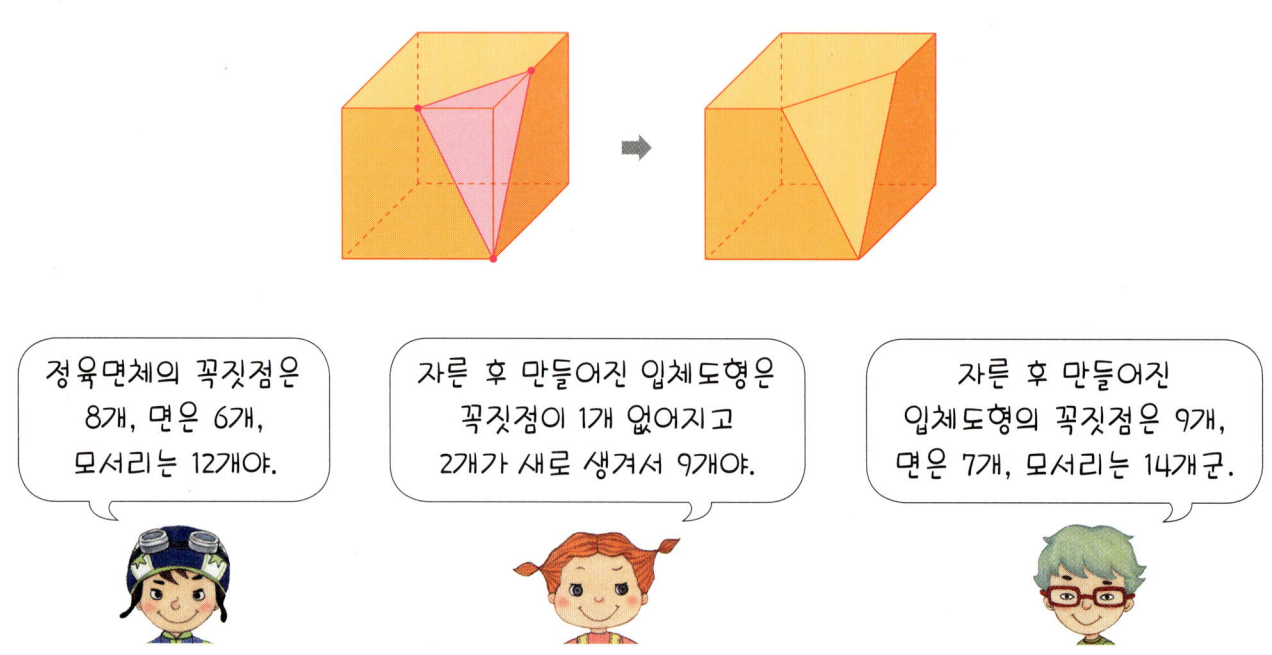

> 정육면체의 꼭짓점은 8개, 면은 6개, 모서리는 12개야.

> 자른 후 만들어진 입체도형은 꼭짓점이 1개 없어지고 2개가 새로 생겨서 9개야.

> 자른 후 만들어진 입체도형의 꼭짓점은 9개, 면은 7개, 모서리는 14개군.

정육면체를 다음과 같이 잘랐을 때 자른 후 만들어진 입체도형의 꼭짓점, 면, 모서리의 개수를 각각 구하시오.

❶

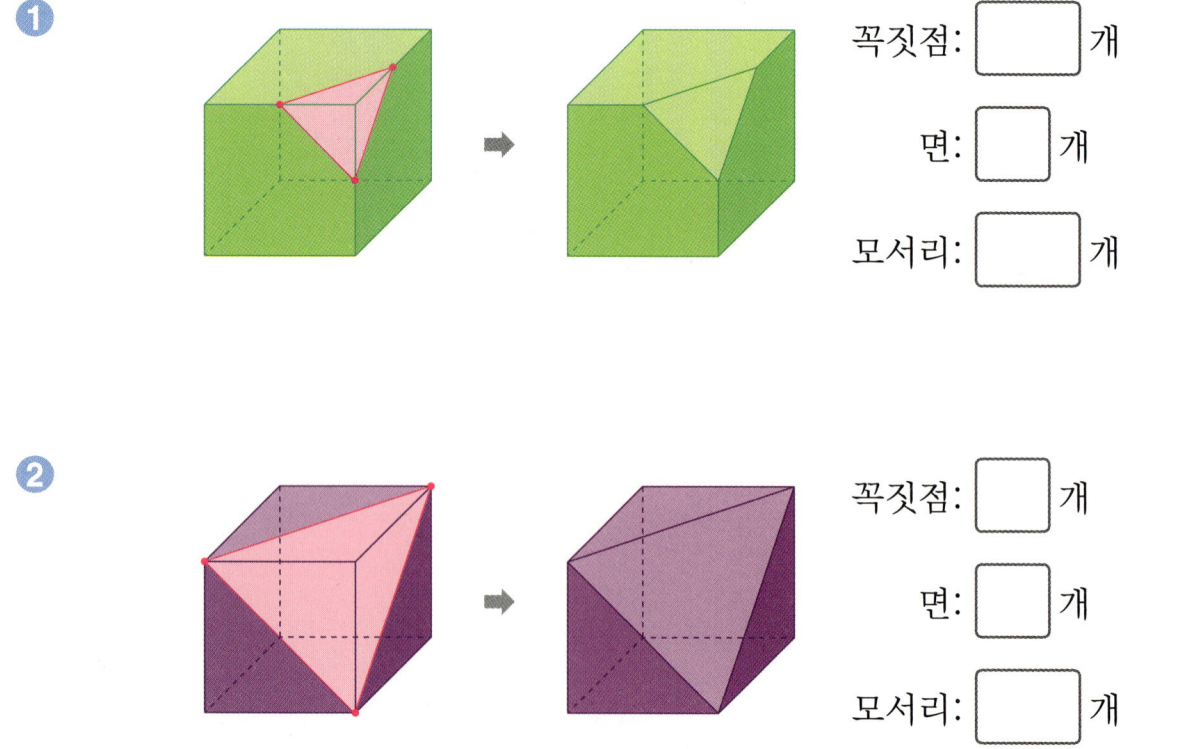

꼭짓점: ☐ 개

면: ☐ 개

모서리: ☐ 개

❷

꼭짓점: ☐ 개

면: ☐ 개

모서리: ☐ 개

[잘라진 삼각뿔]

1 다음은 삼각뿔의 모서리에 있는 세 점을 지나는 평면으로 잘라낸 것입니다. 자른 후 만들어진 입체도형의 꼭짓점, 면, 모서리의 개수를 각각 구하시오.

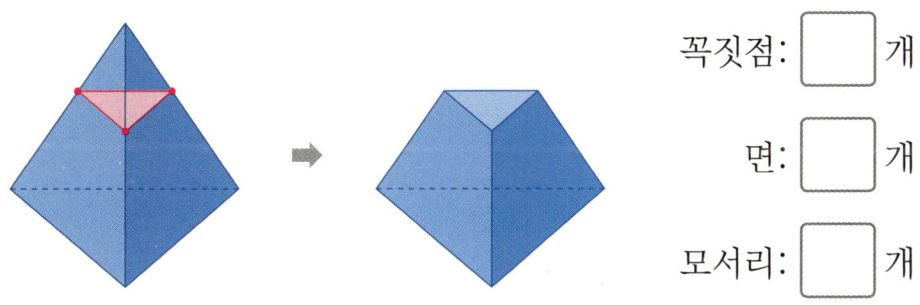

꼭짓점: ☐ 개

면: ☐ 개

모서리: ☐ 개

[나누어진 각기둥]

2 사각기둥을 다음과 같이 네 점을 지나는 평면으로 잘랐더니 2개의 기둥으로 나누어졌습니다. 두 입체도형의 모서리의 개수의 차를 구하시오.

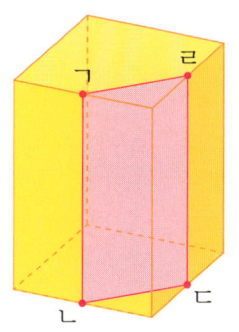

나누어진 두 입체도형은 오각기둥과 삼각기둥이군.

오각기둥의 면은 7개, 삼각기둥의 면은 5개로 두 입체도형의 면의 개수의 차는 2개야.

 # 오일러의 다면체 정리

기둥과 뿔 모양의 입체도형에서 꼭짓점, 면, 모서리를 세어 보면 항상 다음과 같은 식이 성립합니다. 꼭짓점이 16개, 모서리가 24개인 기둥 모양의 입체도형을 알아봅시다.

$$(\text{꼭짓점의 수}) + (\text{면의 수}) - (\text{모서리의 수}) = 2$$

꼭짓점과 면의 수의 합에서 모서리의 수를 빼면 항상 2가 되지.

스위스의 수학자 오일러가 발견한 것으로 오일러의 정리라고 해.

❶ 오일러의 정리를 이용하여 면의 개수를 구하시오.

❷ 기둥 모양의 입체도형은 평행한 밑면이 2개입니다. 옆면은 몇 개입니까?

❸ 옆면이 8개인 각기둥의 밑면의 모양을 그리고, 입체도형의 이름을 쓰시오.

[모서리의 개수]

1 어떤 입체도형의 꼭짓점은 8개, 면은 6개입니다. 이 입체도형의 모서리는 몇 개입니까?

(꼭짓점의 수)＋(면의 수)
－(모서리의 수)＝2

[면의 개수가 같은 기둥과 뿔]

2 꼭짓점이 6개, 모서리가 10개인 뿔 모양의 입체도형과 면의 수가 같은 기둥 모양의 입체도형을 찾아 이름을 쓰시오.

오일러의 정리를 이용하여 면의 개수를 구해 봐.

입체도형의 전개도

정육면체의 전개도를 다음과 같이 정사각형 한 면을 **4**조각으로 잘라서 **4**개의 면에 붙여 만들 수도 있습니다.

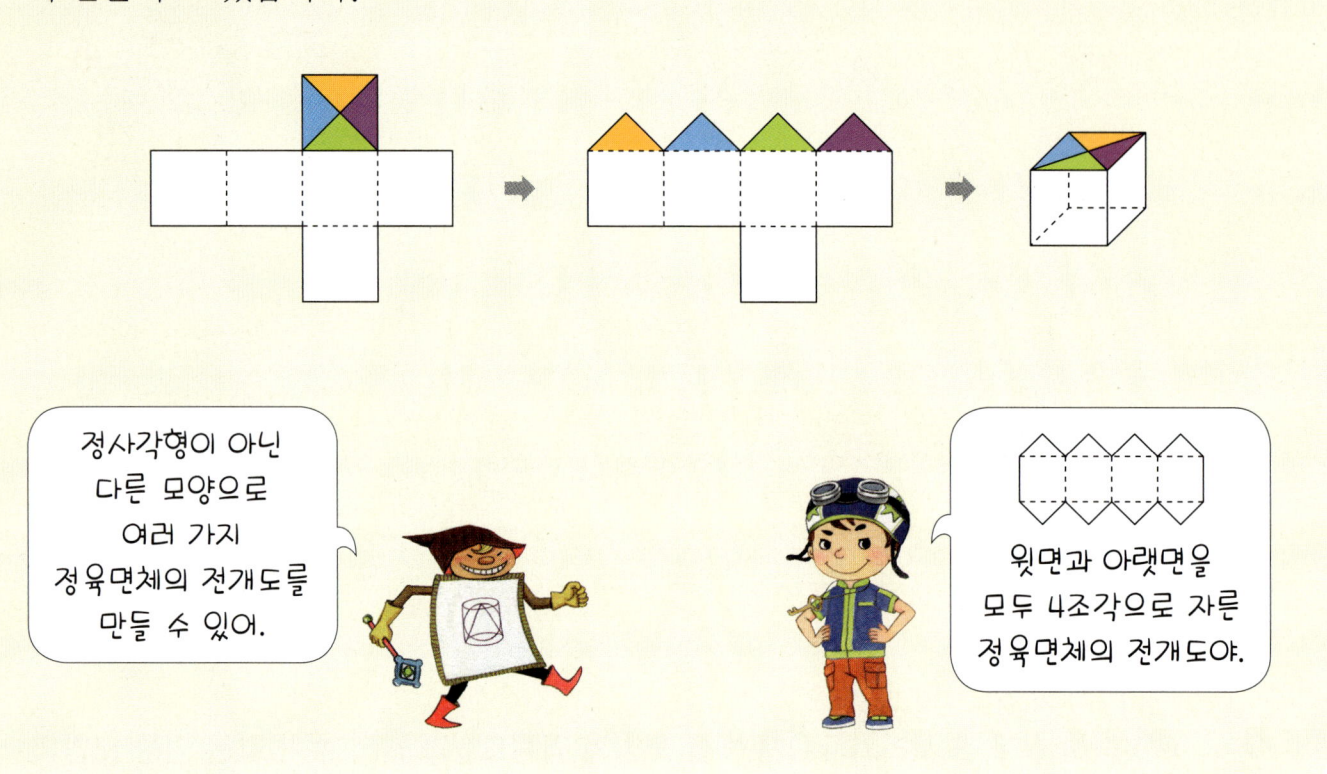

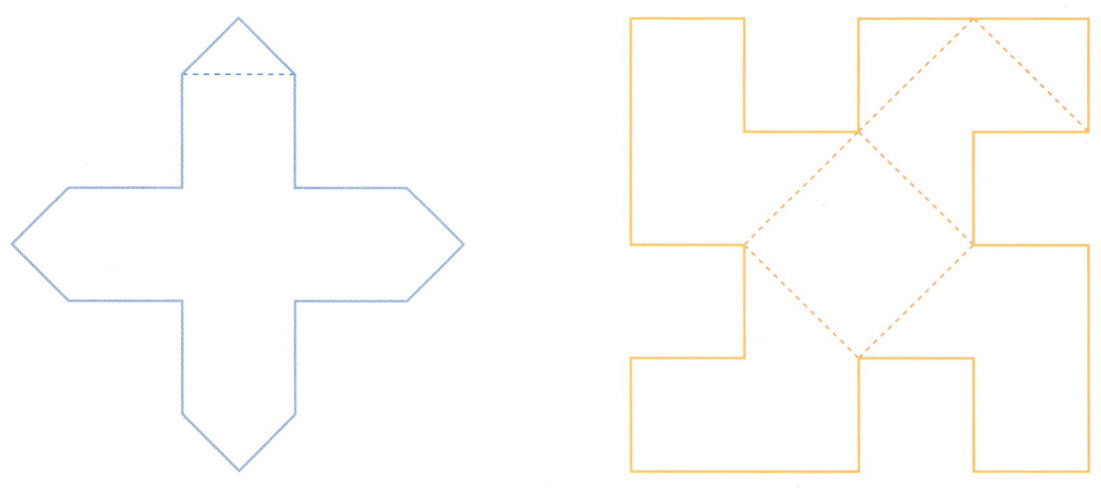

정사각형이 아닌 다른 모양으로 여러 가지 정육면체의 전개도를 만들 수 있어.

윗면과 아랫면을 모두 4조각으로 자른 정육면체의 전개도야.

다음은 정육면체 전개도의 윤곽선입니다. 접히는 부분을 점선으로 나타내시오.

다음 입체도형의 전개도를 찾아 선으로 이으시오.

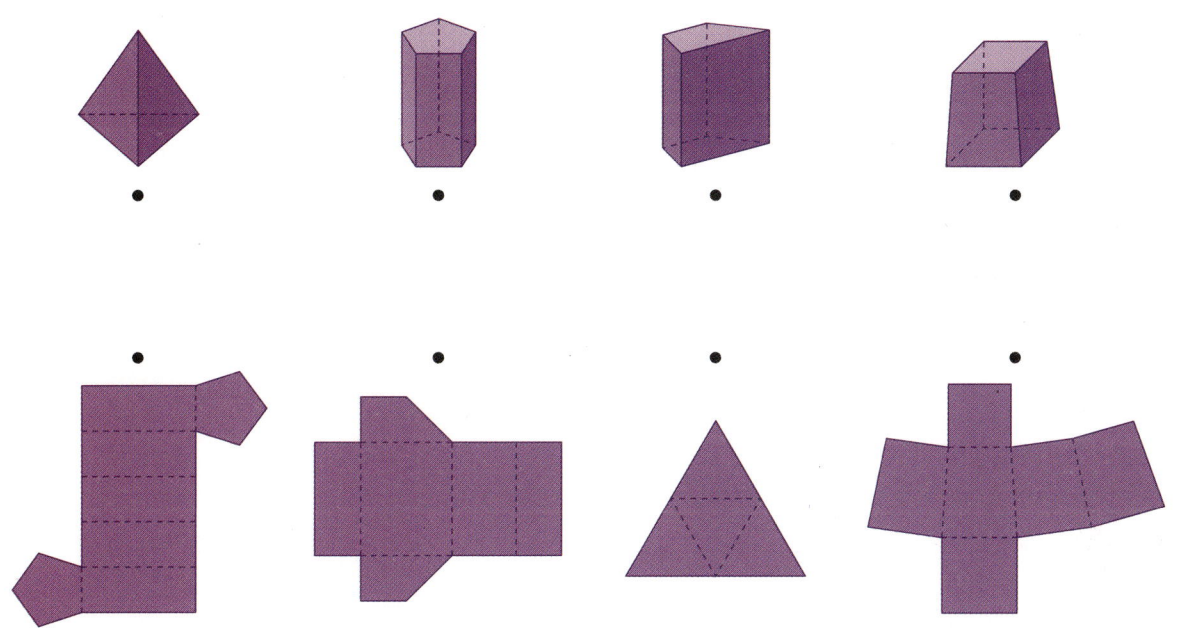

 **노크 포인트**

입체도형의 모서리를 잘라서 펼쳐 놓은 그림을 입체도형의 전개도라고 합니다. 전개도를 접을 때 서로 만나는 선분의 길이는 같습니다.

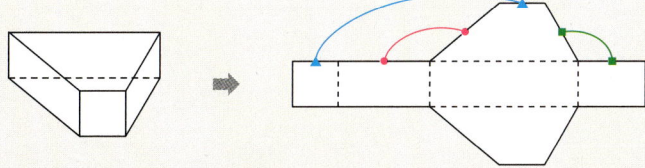

입체도형의 전개도는 자르는 방법에 따라 다양한 모양이 있습니다. 복잡한 입체도형의 전개도를 그릴 때에는 앞면 또는 뒷면을 이루는 모서리를 잘라 봅니다.

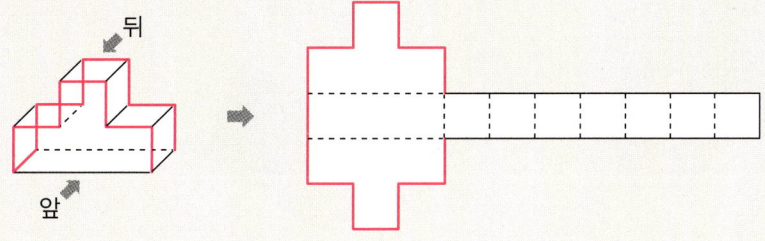

전개도를 접은 모양

주어진 전개도를 접어서 만들 수 있는 입체도형을 찾아 ◯표 하시오.

1

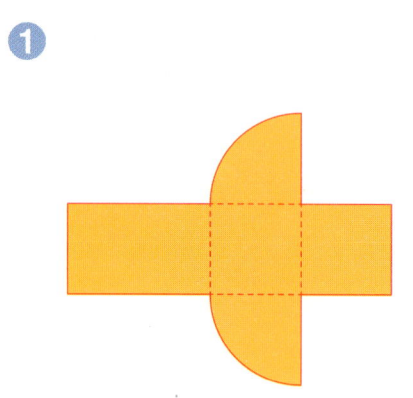

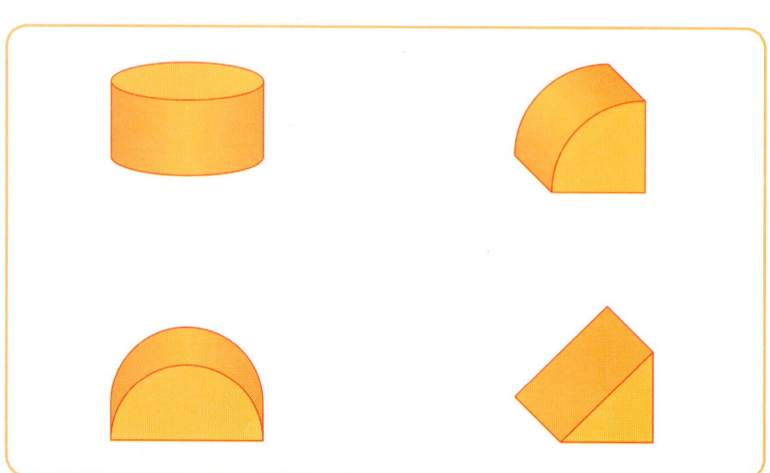

2

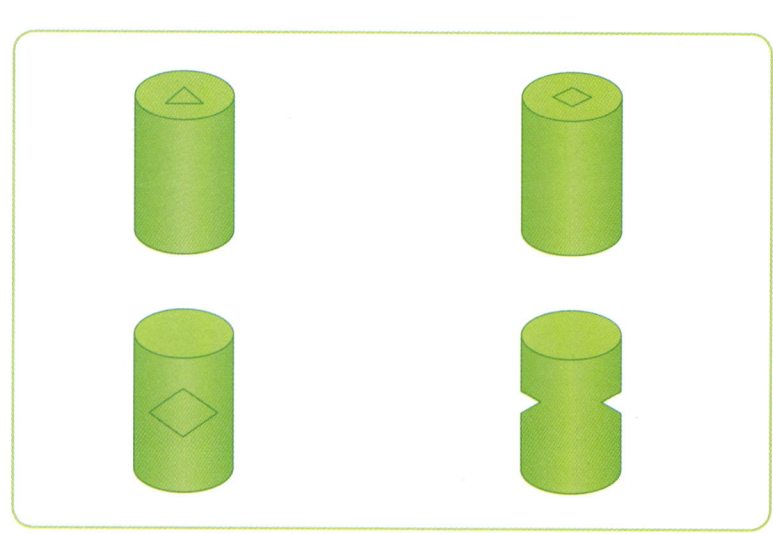

3

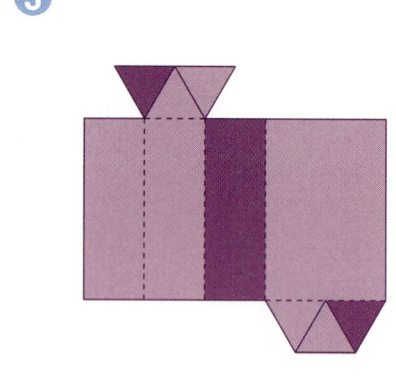

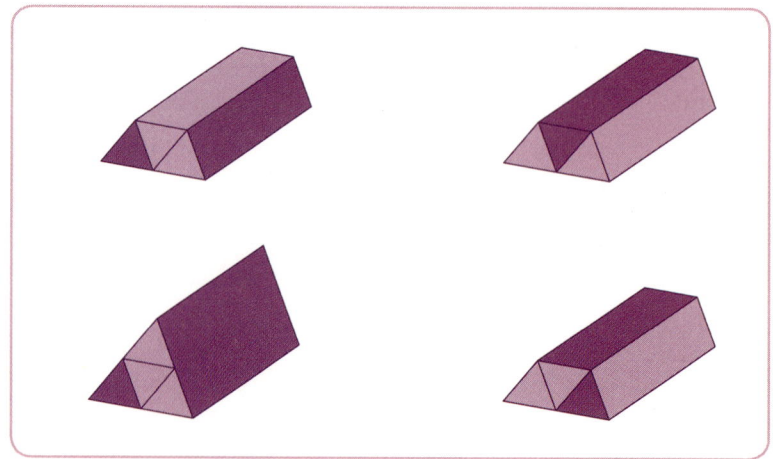

1 주어진 전개도를 접어서 만들 수 있는 입체도형의 기호를 쓰시오.

①

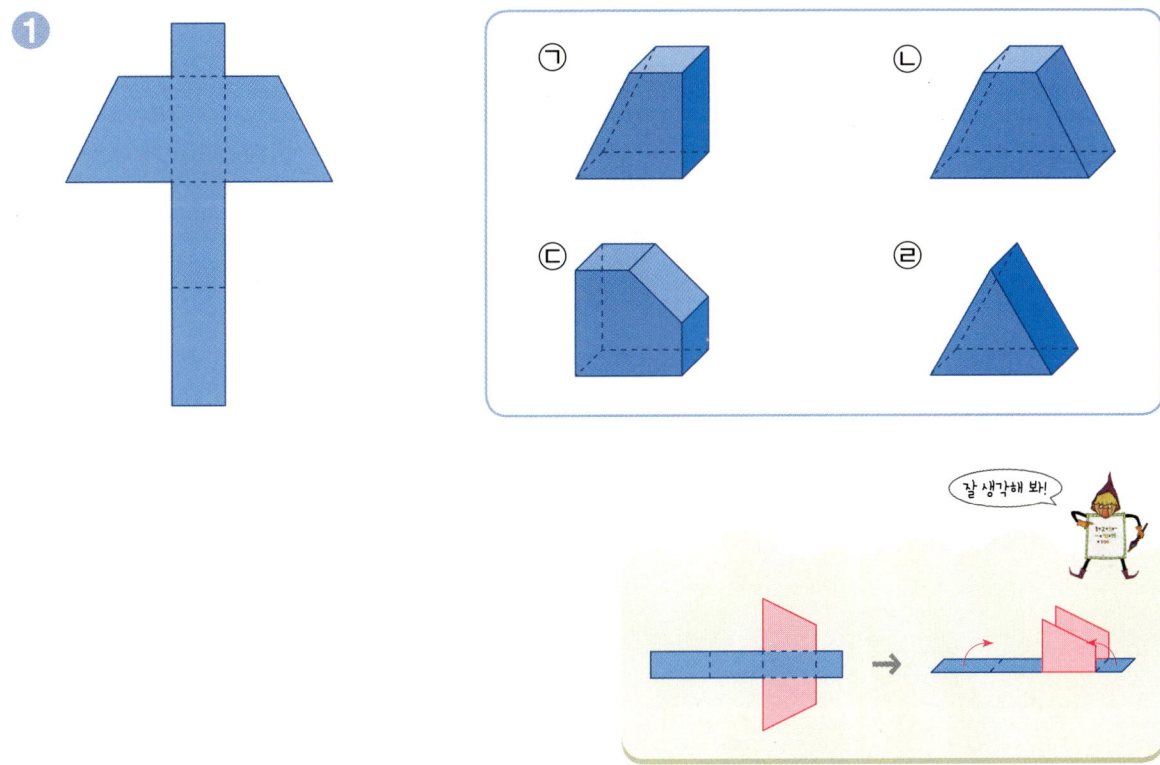

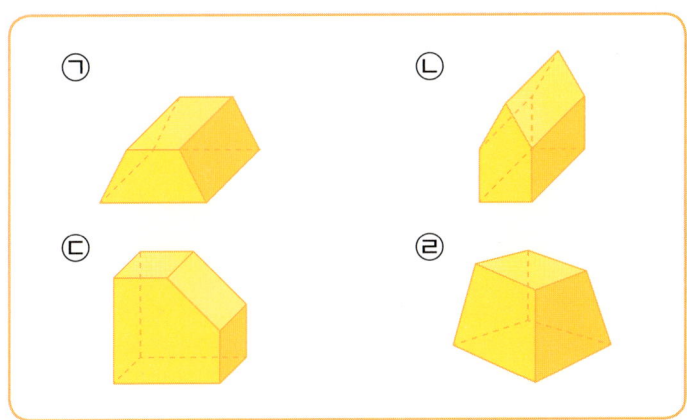

②

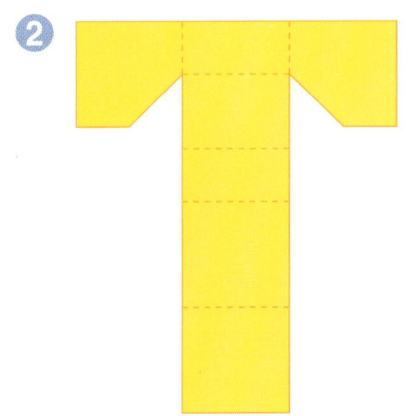

입체도형의 전개도 그리기

다음 입체도형의 전개도를 2가지 방법으로 그려 봅시다.

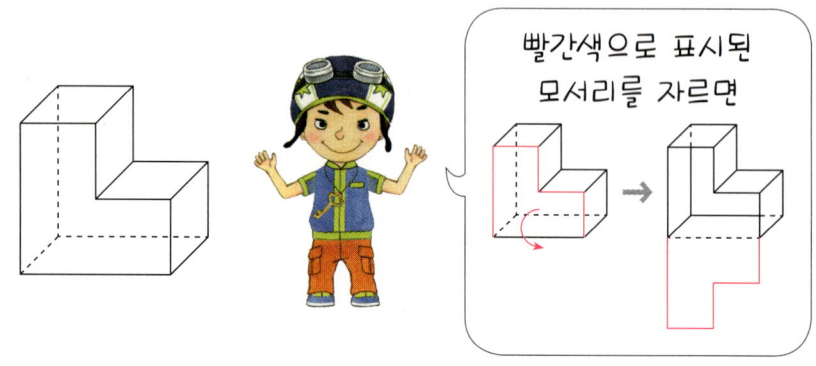

① 색칠된 면을 전개도로 그린 것입니다. 나머지 부분을 그려 전개도를 완성하시오.

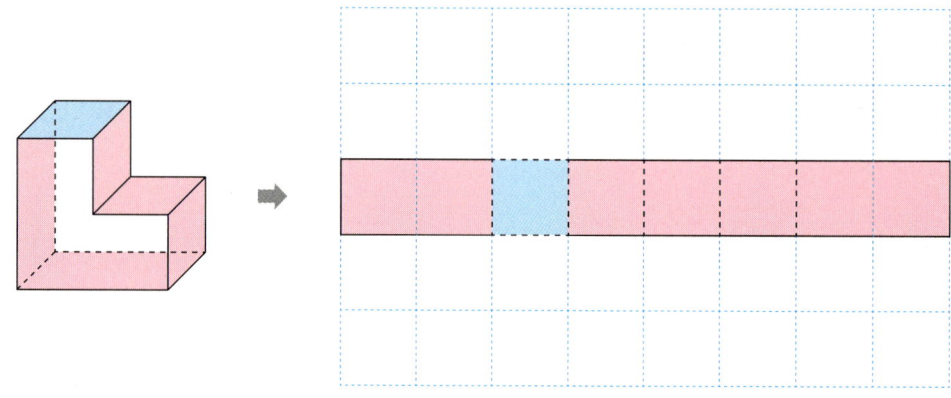

② 다른 방법으로 색칠된 면과 빗금 친 면을 전개도로 그렸습니다. 전개도를 완성하시오.

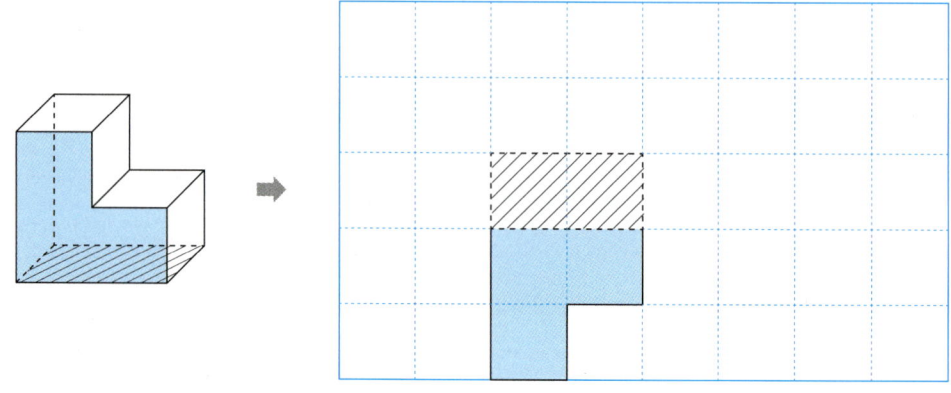

[삼각기둥의 전개도]

1 다음 삼각기둥의 전개도를 완성하시오.

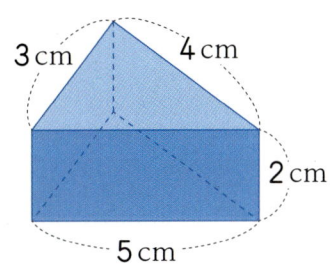

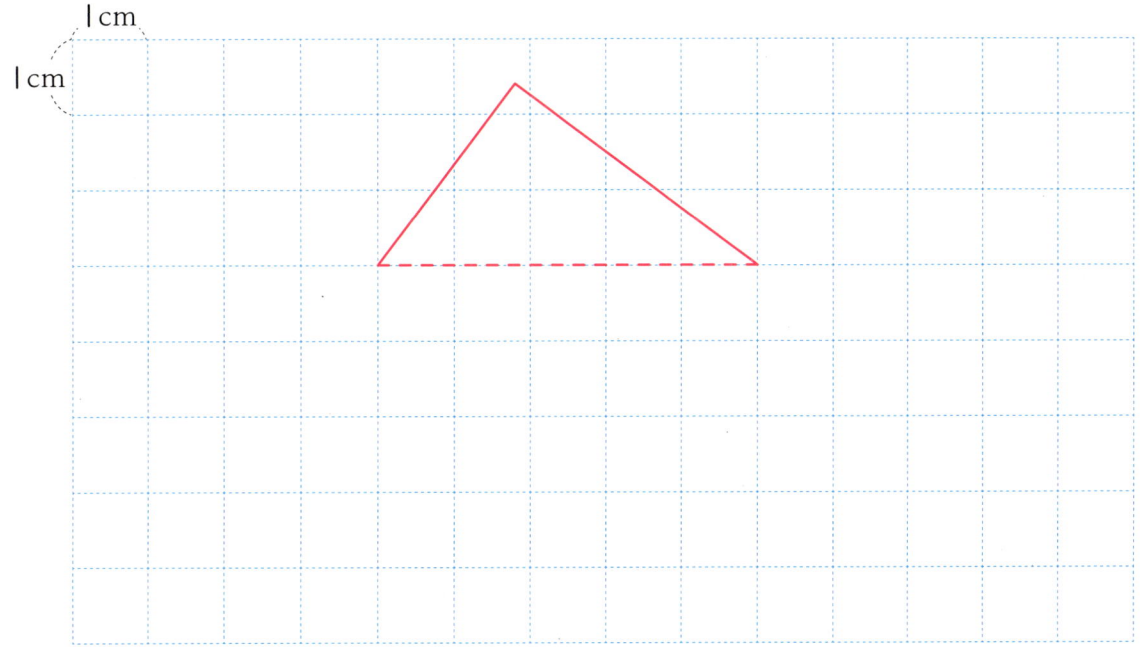

[계단 모양 전개도]

2 다음 입체도형의 전개도를 완성하시오.

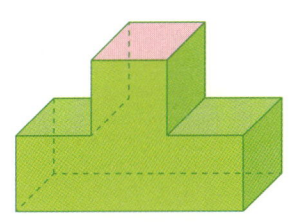

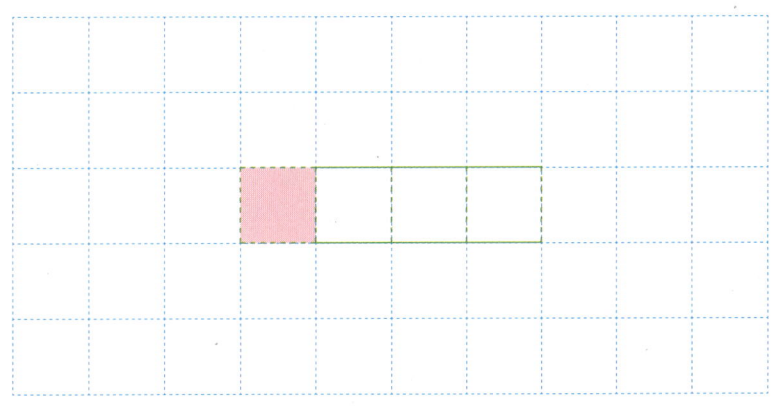

입체도형의 투상도

얼마 전 입사 시험을 치른 태경이의 삼촌이 태경이네 집에 왔습니다.
회사에 들어가기 위해 보는 시험

시험은 잘 봤니?
시험에는 어떤
문제가 나오니?

아버지

삼촌

언어 이해, 논리 판단,
자료 해석, 정보 유추, 공간지각의
5개 영역 문제가 나왔어요.
그중 공간지각이
가장 어려웠어요.

노크를 들고 있는 태경이가 삼촌에게 공간지각 영역에 대해 여쭤봅니다.

공간지각에는
어떤 문제가
나와요?

태경

전개도, 위, 앞, 옆에서
본 모양, 쌓기나무가
주로 나온단다.

네가 지금 들고 있는
노크 공간지각을
어릴 때부터 풀었다면
이번 시험에 아주
도움이 됐을텐데……

제 꿈인 자동차
엔지니어가 되려면 노크를
열심히 공부해야 겠어요.

여러 가지 입체도형의 위와 앞에서 본 모양을 찾아 선으로 이으시오.

위에서 본 모양

앞에서 본 모양

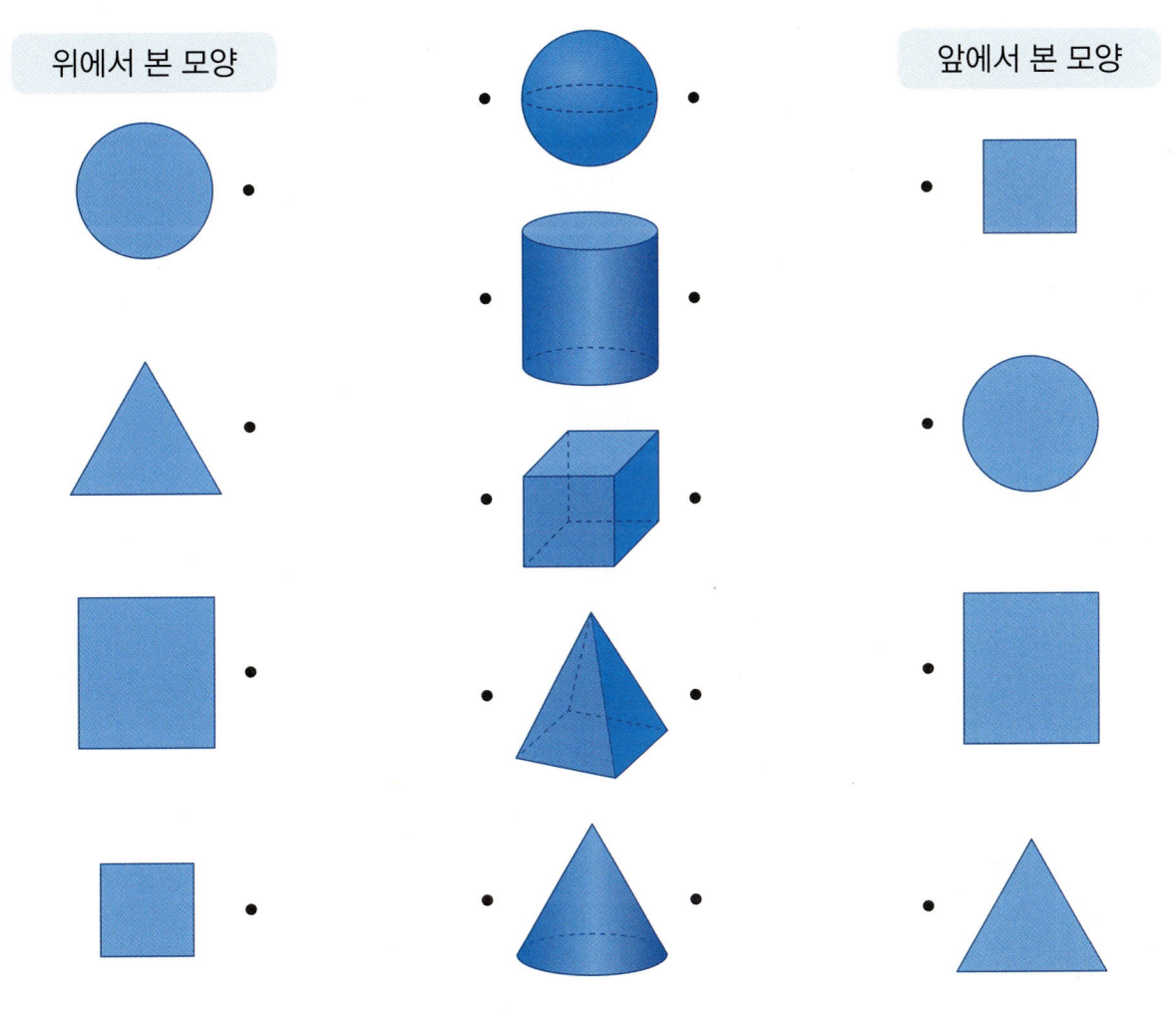

물건의 모양을 평면 위에 그려 표시하는 방법을 투상법이라고 하는데 제 3각법이 많이 사용됩니다.
제 3각법은 앞에서 본 모양을 중심에 그리고, 위에서 본 모양은 위에, 오른쪽 옆에서 본 모양은 오른쪽
옆에 표시합니다.

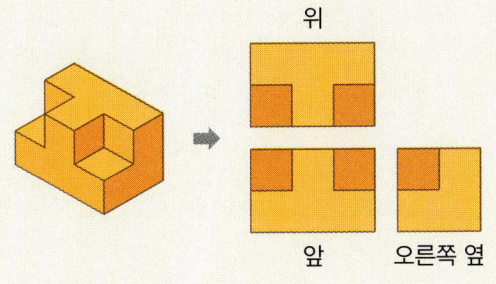

위와 앞에서 본 모양

왼쪽 입체도형을 위와 앞에서 본 모양을 각각 그린 것입니다.

 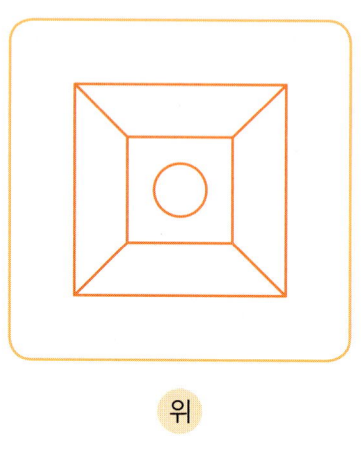 

위   앞

위와 같이 왼쪽 입체도형을 위와 앞에서 본 모양을 각각 그리시오.

❶

위   앞

❷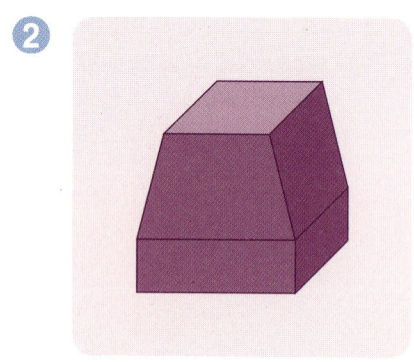

위   앞

1 다음 입체도형을 앞에서 보았을 때의 모양을 찾아 ◯표 하시오.

[위와 앞에서 본 모양]

2 다음 입체도형을 위와 앞에서 보았을 때의 모양을 각각 그리시오.

위   앞

위, 앞, 옆에서 본 모양

여러 가지 입체도형을 위, 앞, 옆에서 본 모양을 그려 보시오.

입체도형	위에서 본 모양	앞에서 본 모양	옆에서 본 모양

1

[위, 앞, 옆 모양]

오른쪽 입체도형의 위, 앞, 옆에서 본 모양을 순서없이 나열한 것입니다. ☐ 안에 위, 앞, 옆을 알맞게 써넣으시오.

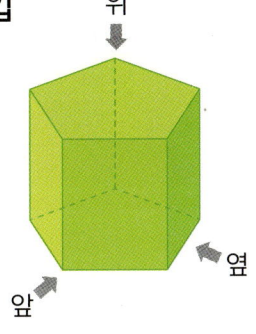

☐

☐

☐

[위, 앞, 옆 모양 그리기]

2

다음 입체도형을 위, 앞, 옆에서 본 모양을 그리시오.

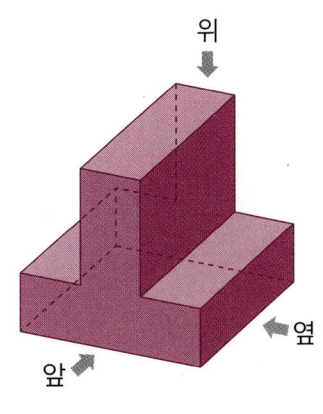

위

앞

옆

1 다음 정육면체를 꼭짓점 4개를 지나는 평면으로 잘랐습니다. 잘라진 두 입체도형의 모서리는 모두 몇 개입니까?

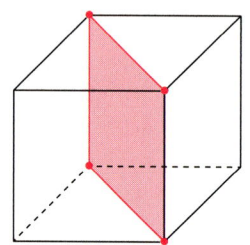

2 다음 전개도를 접었을 때의 모양을 찾아 기호를 쓰시오.

❶

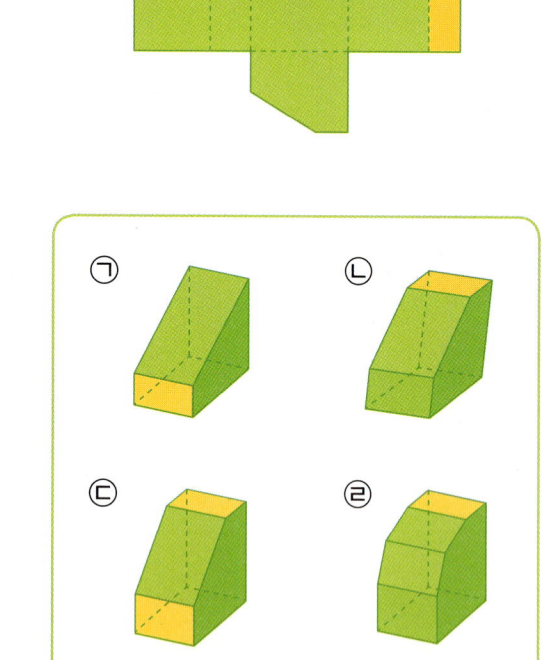

❷

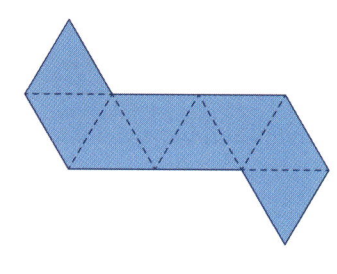

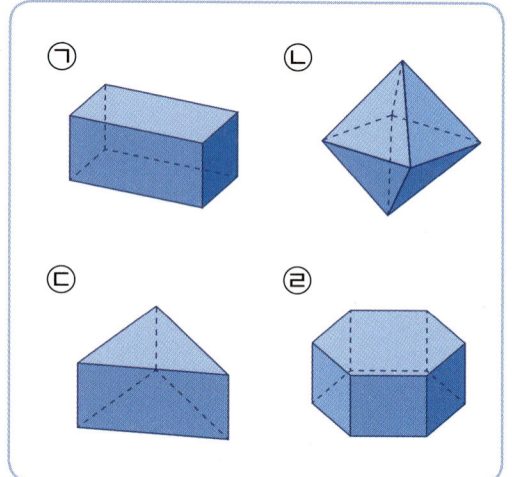

3 밑면의 모양이 다음과 같은 각기둥의 모서리는 모두 몇 개입니까?

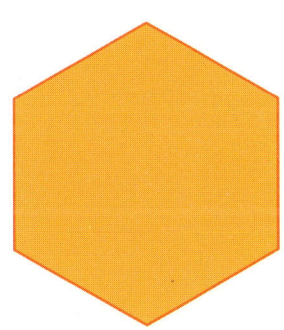

4 다음 입체도형의 위, 앞, 옆에서 본 모양을 빈 곳에 그리시오.

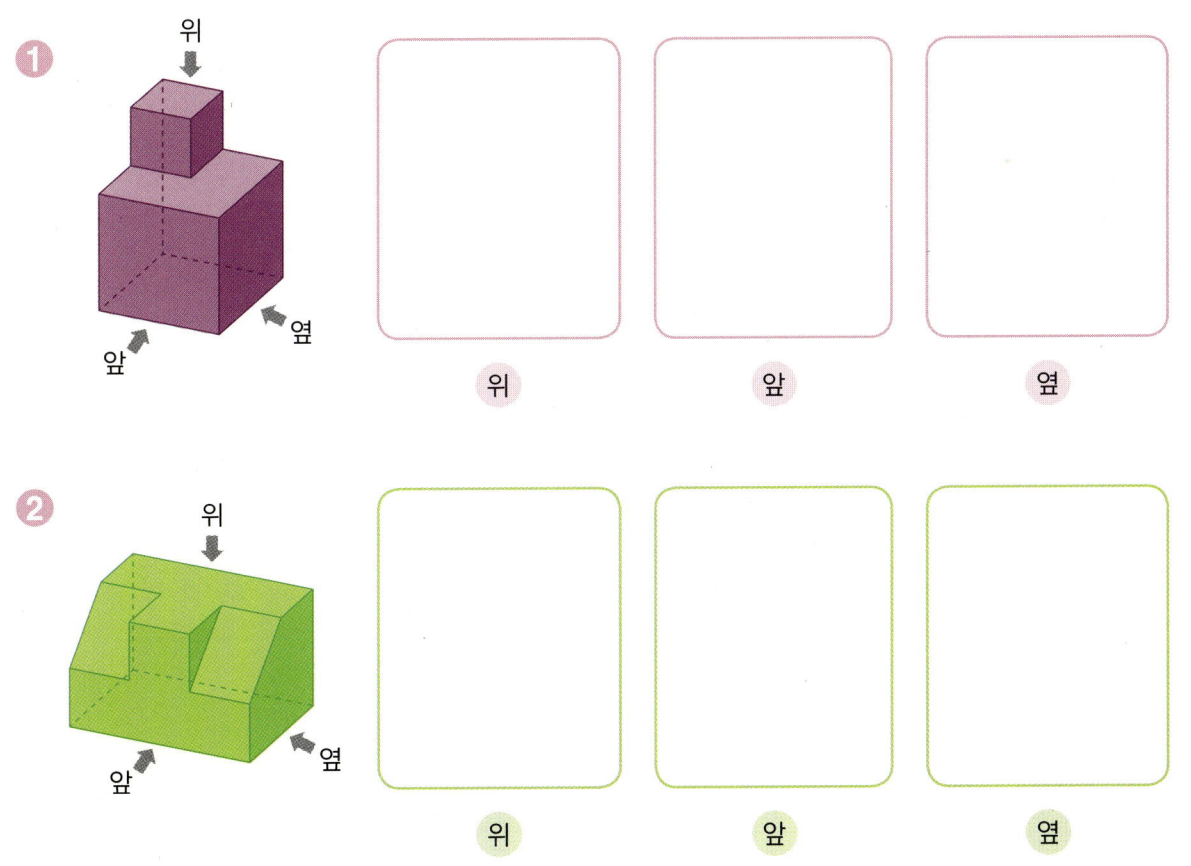

MEMO

정답및 해설

입체
도형

D7

(11~12세)

누구나 쉽고 재미있게
사고력
수학
누크

누구나 쉽고 재미있게
사고력
수학
노크

MEMO

정답및
해설

입체
도형

D7
(11~12세)

누구나 쉽고 재미있게
사고력
수학

노크

천재교육

누구나 **쉽고 재미**있게
사고력
수학
노크

매일 마시는 스마트 교과서

천재교육이 만든 **초등 전과목 스마트 학습**

성적향상 **공부 자신감**

학습 응용력 **공부 흥미**

전과목 학습능력

정답 및 해설

누구나
쉽고 재미있게

사고력 수학

노크

D7
(11~12세)

입체도형

Chapter 1

쌓기나무

1 쌓기나무의 개수

쌓기나무 3개를 붙여 만든 모양을 트리큐브, 4개를 붙여 만든 모양을 테트라큐브라고 합니다.

①, ②는 트리큐브, ③~⑩은 테트라큐브 라고 하지.

덴마크 출신의 물리학자이자 수학자인 피에트 하인은 강의를 듣던 중 하나의 퍼즐을 고안하게 됩니다. 피에트 하인은 트리큐브와 테트라큐브 10조각 중에서 ②, ③, ⑩ 조각을 제외한 7개의 조각으로 커다란 정육면체를 만들고, 이 퍼즐을 소마큐브라고 이름붙였습니다. 정사각형 모양의 면 6개로 둘러싸인 도형
7개의 조각으로 정육면체를 만드는 방법은 240가지나 됩니다.

작은 정육면체를 이어 붙여 다양한 모양을 만든 후, 이 모양을 사용하여 커다란 정육면체를 만드는 방법이 있을까?

소마 큐브

소마큐브 몇 조각을 사용하여 (가) 모양을 만들었습니다. (나) 모양과 같은 정육면체를 완성하려면 소마큐브 몇 조각이 더 필요합니까? 3조각

(가)에 사용된 쌓기나무의 개수: 3+3+3+2+1+1+1+1=15(개)
(나)에 사용된 쌓기나무의 개수: 3×3×3=27(개)
(나)를 만들기 위해 (가)보다 27−15=12(개)만큼 쌓기나무가 더 필요합니다.
따라서 쌓기나무 4개로 만들어진 소마큐브 12÷4=3(조각)이 더 필요합니다.

노크 포인트

복잡하게 쌓여 있는 쌓기나무의 개수를 셀 때에는 가장 위에 놓인 쌓기나무에 각 세로줄에 있는 쌓기나무의 개수를 쓴 후 그 수를 모두 더하여 구합니다.
보이지 않는 쌓기나무의 개수를 셀 때에는 전체 쌓기나무의 개수를 구한 후, 보이는 쌓기나무의 개수를 빼서 구합니다.

전체 쌓기나무의 개수: 3+3+3+2+2+1+1+1=16(개)
보이는 쌓기나무의 개수: 10개
보이지 않는 쌓기나무의 개수: 16−10=6(개)

보이지 않는 부분에 쌓기나무가 있는지 없는지 알 수 없을 경우, 쌓기나무로 쌓은 모양을 위에서 본 모양의 각 칸에 쌓은 쌓기나무의 개수를 써넣은 쌓기표를 이용합니다.

보이지 않는 쌓기나무

오른쪽 그림과 같이 쌓기나무를 쌓은 모양에서 보이지 않는 쌓기나무의 개수를 구해 봅시다.

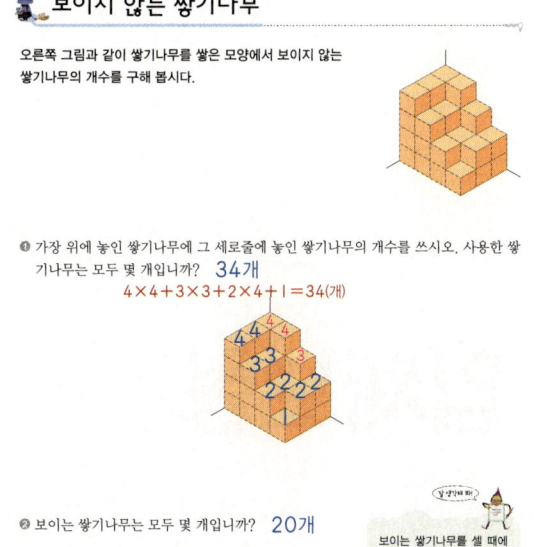

❶ 가장 위에 놓인 쌓기나무에 그 세로줄에 놓인 쌓기나무의 개수를 쓰시오. 사용한 쌓기나무는 모두 몇 개입니까? 34개
4×4+3×3+2×4+1=34(개)

❷ 보이는 쌓기나무는 모두 몇 개입니까? 20개

보이는 쌓기나무를 셀 때에는 한 면만 보이는 쌓기나무도 빠놓지 않고 꼭 세어야 해.

❸ 보이지 않는 쌓기나무의 개수는 전체 쌓기나무의 개수에서 보이는 쌓기나무의 개수를 빼서 구할 수 있습니다. 보이지 않는 쌓기나무는 몇 개입니까? 14개
34−20=14(개)

[쌓기나무의 개수 구하기]
1 주어진 모양과 같이 쌓기 위해 필요한 쌓기나무의 개수를 구하시오.

❶ 36개
1+2×3+3×3+4×5
=36(개)

❷ 35개
1×5+2×4+3×3+4×2+5
=35(개)

[보이지 않는 쌓기나무의 개수]
2 쌓기나무로 쌓은 모양을 보고 보이지 않는 쌓기나무의 개수를 구하시오. 23개

(전체 쌓기나무의 개수)
=4×10+3×2+2×4
=54개
(보이는 쌓기나무의 개수)=31개
(보이지 않는 쌓기나무의 개수)
=54−31=23(개)

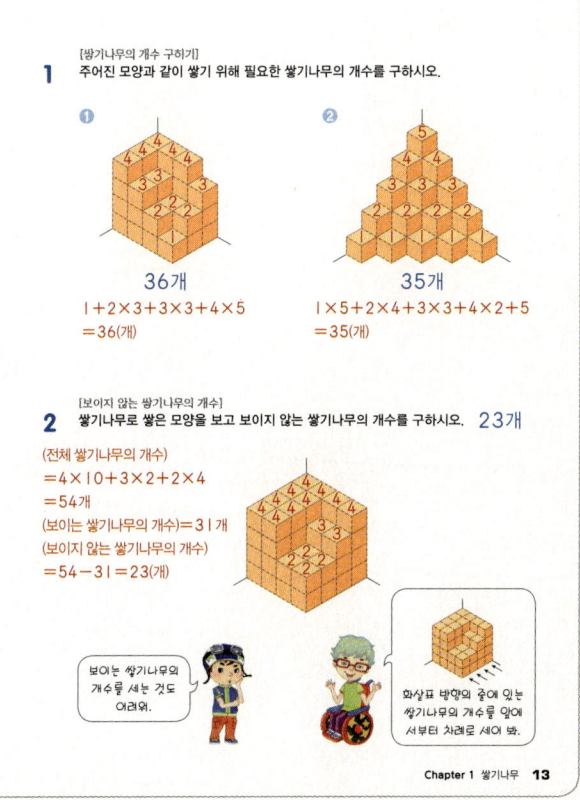

보이는 쌓기나무의 개수를 세는 것도 어려워.

화살표 방향에 숨어 있는 쌓기나무의 개수를 앞에서부터 차례로 세어 봐.

14 15

🐻 필요한 쌓기나무의 개수

다음 모양과 같이 쌓기나무를 쌓으려고 합니다. 필요한 쌓기나무는 몇 개부터 몇 개까지인지 생각해 봅시다.

> 보이지 않는 부분에 쌓기나무가 있는지 없는지 알 수가 없어.

❶ 필요한 쌓기나무의 개수가 가장 적은 경우는 보이지 않는 쌓기나무가 없을 때입니다. 오른쪽 쌓기표의 빈 곳에 알맞은 수를 쓰고 쌓기나무가 가장 적을 때의 개수를 구하시오. **7개**
$3+1×4=7$(개)

❷ 쌓기나무의 개수가 가장 많은 경우는 보이지 않는 쌓기나무의 개수가 가장 많을 때입니다. 다음 쌓기표의 빈 곳에 알맞은 수를 쓰고 쌓기나무가 가장 많을 때의 개수를 구하시오. **10개**
$3+2+1×5=10$(개)

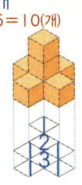

> 보이지 않는 부분에 쌓기나무가 있어. 반대면에서 보면 이런 모양이지.

❸ 필요한 쌓기나무는 몇 개부터 몇 개까지입니까? **7개부터 10개까지**

[쌓기표와 쌓기나무의 개수]

1 쌓기나무로 쌓은 모양을 보고 쌓기표의 빈 곳에 알맞은 수를 쓰시오. 사용된 쌓기나무는 모두 몇 개입니까?

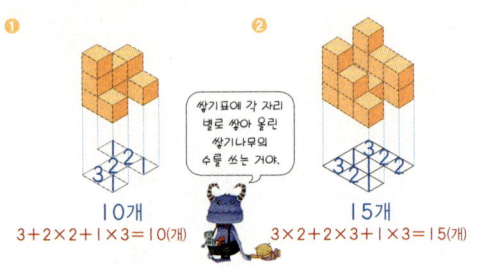

❶ **10개**
$3+2×2+1×3=10$(개)

❷ **15개**
$3×2+2×3+1×3=15$(개)

> 쌓기표에 각 자리별로 쌓아 올린 쌓기나무의 수를 쓰는 거야.

[쌓기나무 개수의 최대, 최소]

2 다음 모양과 같이 쌓기나무를 쌓으려고 할 때, 필요한 쌓기나무는 몇 개부터 몇 개까지입니까? **10개부터 13개까지**

> 보이지 않는 부분에 있는 쌓기나무를 생각해야 돼.

① 가장 많이 사용한 경우   ② 가장 적게 사용한 경우

$3+2+1×8=13$(개) $3+1×7=10$(개)

---

16 17

② 위, 앞, 옆에서 본 쌓기나무

꼬마 요괴 셋이 쌓기나무로 쌓은 모양을 위, 앞, 옆에서 보고 있는데 조금 이상합니다.

> 위에서 봤어.

장난 요괴

> 앞에서 봤어.

딴짓 요괴

> 옆에서 봤는데 모양이 이상해.

울보 요괴

아인이가 위, 앞, 옆에서 본 모양을 제대로 다시 그린 후 그림 하나에 나타내었습니다.

> 울보 요괴가 잘못 그렸어. 울보 요괴가 그린 모양을 시계 방향으로 90°돌려야 해.

> 위에서 본 모양에 앞과 옆에서 본 모양의 가장 높은 층의 수를 써넣으면 위, 앞, 옆에서 본 모양을 한눈에 알 수 있어.

아인

---

❶ 다음 쌓기나무 4개로 쌓은 모양을 보고 위, 앞, 옆에서 본 모양을 각각 그려 보시오.

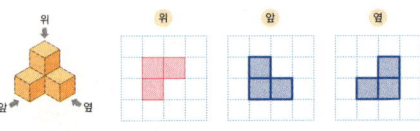

📖 토론 포인트

쌓기나무로 쌓은 모양을 위에서 본 모양은 쌓기표의 모양과 같고, 앞에서 본 모양과 옆에서 본 모양은 각 방향에서 보이는 가장 높은 층의 모양과 같습니다.

위, 앞, 옆에서 본 모양이 다음과 같을 때 쌓기나무의 개수를 알아보면

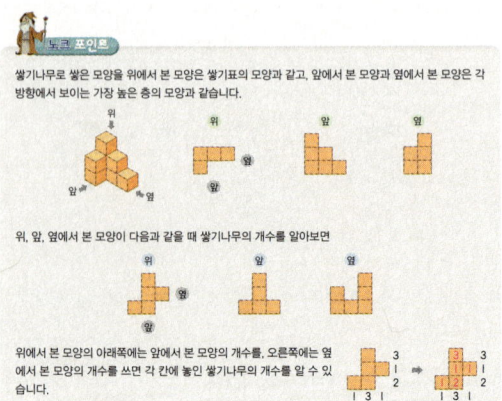

위에서 본 모양의 아래쪽에 앞에서 본 모양의 개수를, 오른쪽에는 옆에서 본 모양의 개수를 쓰면 각 칸에 놓인 쌓기나무의 개수를 알 수 있습니다.

위, 앞, 옆에서 본 모양

오른쪽 그림과 같이 쌓기나무 10개로 쌓은 모양을 보고 위, 앞, 옆에서 본 모양을 각각 그려 봅시다.

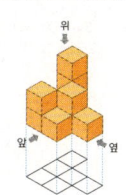

❶ 쌓기나무로 쌓은 모양을 위에서 본 모양은 쌓기표의 모양과 같습니다. 위에서 본 모양의 각 칸 위에 쌓아 올린 쌓기나무의 개수를 쓰시오.

> 쌓기표의 모양을 보니 붙어지지 않는 부분이 있어. 쌓기나무 10개로 쌓은 것임을 기억해.

❷ 앞과 옆에서 본 가장 높은 층수를 각각 모눈의 바깥 □ 안에 쓰고, 앞과 옆에서 본 모양을 각각 그리시오.

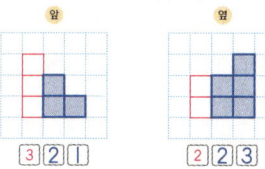

[앞과 옆에서 본 모양]

1 각 칸의 수는 그 자리에 놓인 쌓기나무의 개수입니다. □ 안에 각 방향에서 가장 높은 층의 수를 쓰고, 앞과 옆에서 본 모양을 각각 그려 보시오.

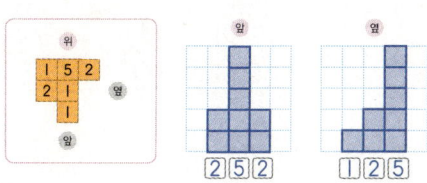

[위, 앞, 옆에서 본 모양 그리기]

2 쌓기나무 10개로 쌓은 모양을 보고 위, 앞, 옆에서 본 모양을 각각 그려 보시오.

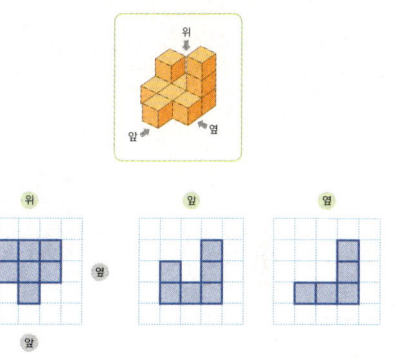

위, 앞, 옆 모양으로 전체 모양 찾기

쌓기나무로 쌓은 모양을 위, 앞, 옆에서 본 모양입니다. 전체 모양을 만들기 위해 필요한 쌓기나무의 개수를 알아봅시다.

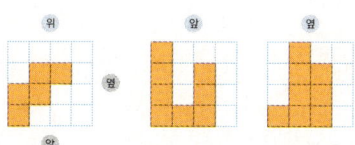

❶ 다음은 위에서 본 모양의 아래와 오른쪽 □ 안에 앞에서 본 모양과 옆에서 본 모양에서 가장 높은 층수를 쓴 것입니다. ①, ③, ④번 자리에 쌓인 쌓기나무의 개수를 차례로 쓰시오. **1개, 1개, 1개**

> 앞에서 보았을 때 ③, ④번 자리에는 1개가 쌓였어.

> 옆에서 보았을 때 ①번 자리에는 1개가 쌓였어.

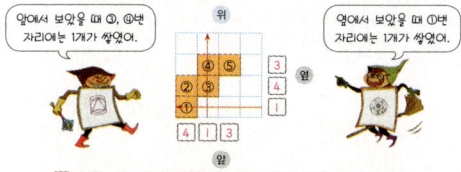

1이 있는 가로줄과 세로줄에는 쌓기나무가 1개씩만 놓입니다.

❷ ②번, ⑤번 자리에 쌓인 쌓기나무의 개수를 구하여 차례로 쓰시오. **4개, 3개**

❸ 필요한 쌓기나무는 모두 몇 개입니까? **10개**

1+1+1+4+3=10(개)

[위에서 본 모양]

1 위에서 본 모양에 앞과 옆에서 본 쌓기나무의 개수를 쓴 것입니다. 서로 관계있는 것끼리 선으로 이으시오.

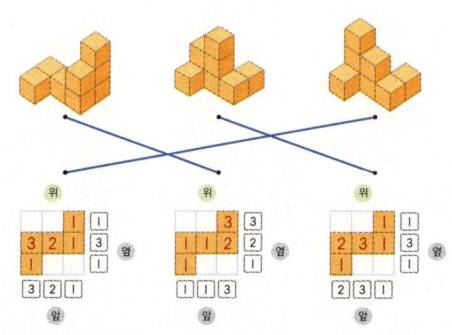

[전체 모양의 쌓기나무의 수]

2 다음은 쌓기나무로 쌓은 모양을 위, 앞, 옆에서 본 모양입니다. 필요한 쌓기나무는 몇 개입니까? **13개**

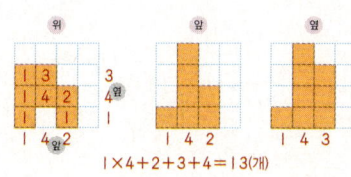

1×4+2+3+4=13(개)

3 쌓기나무를 쌓는 방법

꼬마 요괴들이 쌓기나무로 쌓은 모양을 보고, 아이들이 위, 앞, 옆에서 본 모양을 이야기합니다.

쌓기나무 7개를 사용했어.

쌓기나무 8개를 사용했어.

쌓기나무 9개를 사용했어.

위에서 본 모양이 로 모두 같아.

앞에서 본 모양도 로 모두 같아.

이상해, 옆에서 본 모양도 로 모두 같네.

초이   태경   지오

아인이가 궁금한 점을 대마법사 멀린에게 물어봅니다.

위, 앞, 옆에서 본 모양이 모두 같은데 쌓기나무의 개수가 다를 수가 있나요?

위, 앞, 옆에서 본 모양에 맞게 쌓기나무를 쌓는 방법은 여러 가지가 있단다. 개수가 다를 수도 있고, 개수가 같다고 하더라도 쌓는 방법이 다를 수 있지.

아인   멀린

다음은 쌓기나무로 쌓은 모양을 위, 앞, 옆에서 본 모양입니다. 사용한 쌓기나무가 가장 많은 경우와 가장 적은 경우의 개수를 구하여 □ 안에 써넣으시오.

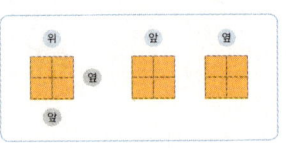

위   앞   옆

가장 많은 경우: [8] 개   가장 적은 경우: [6] 개
$2 \times 2 \times 2 = 8$(개) $2 \times 2 \times 2 - 2 = 6$(개)

위, 앞, 옆에서 본 모양이 로 모두 같아. 가장 많은 경우는 정육면체 모양일 거야.

가장 적은 경우는 앞과 옆 모양이 변하지 않도록 하나씩 빼면 돼.

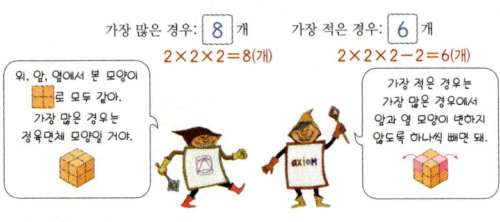

토론 포인트

위, 앞, 옆에서 본 모양이 같더라도 쌓은 모양과 개수가 모두 다를 수 있습니다.

위   앞   옆   →   11개   10개   9개

위, 앞, 옆에서 본 모양이 같더라도 개수는 같고 쌓은 모양은 다를 수 있습니다.

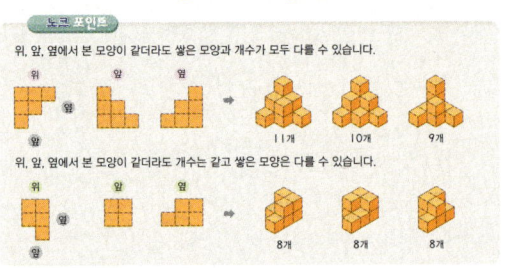

위   앞   옆   →   8개   8개   8개

최대, 최소 개수

쌓기나무로 쌓은 모양을 위, 앞, 옆에서 본 모양입니다. 쌓기나무가 가장 많은 경우와 가장 적은 경우의 쌓기나무의 개수를 알아봅시다.

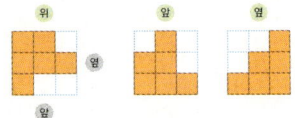

위   앞   옆

❶ 다음은 쌓기나무가 가장 많은 경우의 쌓기나무의 개수를 구하는 과정입니다. 쌓기나무가 가장 많은 경우에 필요한 쌓기나무는 몇 개입니까? 11개
$3 + 2 \times 3 + 1 \times 2 = 11$(개)

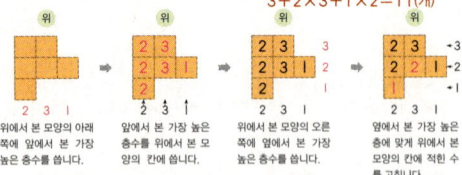

위에서 본 모양의 아래쪽에 앞에서 본 가장 높은 층수를 씁니다.

앞에서 본 가장 높은 층수를 위에서 본 모양의 칸에 씁니다.

위에서 본 모양의 오른쪽에 옆에서 본 가장 높은 층수를 씁니다.

옆에서 본 가장 높은 층에 맞게 위에서 본 모양에 적힌 수를 고칩니다.

❷ 다음은 쌓기나무가 가장 적은 경우의 쌓기나무의 개수를 구하는 과정입니다. 쌓기나무가 가장 적은 경우에 필요한 쌓기나무는 몇 개입니까? 9개
$3 + 2 + 1 \times 4 = 9$(개)

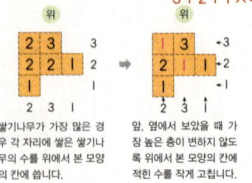

쌓기나무가 가장 많은 경우 각 자리에 쌓은 쌓기나무의 수를 위에서 본 모양의 칸에 씁니다.

앞, 옆에서 보았을 때 가장 높은 층이 변하지 않도록 위에서 본 모양의 칸에 적힌 수를 작게 고칩니다.

[쌓기나무 빼기]
1 다음과 같이 쌓기나무로 쌓은 모양에서 위, 앞, 옆에서 본 모양이 변하지 않게 쌓기나무를 빼려고 합니다. 몇 개까지 뺄 수 있습니까? 12개

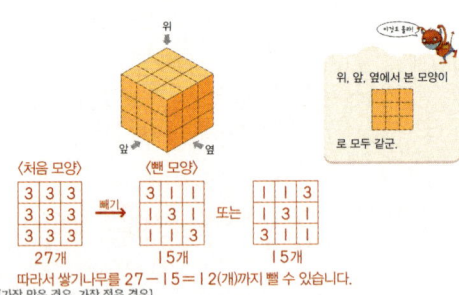

위

앞   옆

위, 앞, 옆에서 본 모양이 로 모두 같군.

〈처음 모양〉   〈뺀 모양〉

3	3	3
3	3	3
3	3	3
27개

빼기 →

3	1	1
1	3	1
1	1	3
15개

또는

1	1	3
1	3	1
3	1	1
15개

따라서 쌓기나무를 $27 - 15 = 12$(개)까지 뺄 수 있습니다.

[가장 많은 경우, 가장 적은 경우]
2 쌓기나무로 쌓은 모양을 위, 앞, 옆에서 본 모양입니다. 사용된 쌓기나무가 가장 많은 경우와 가장 적은 경우의 개수를 각각 구하시오.

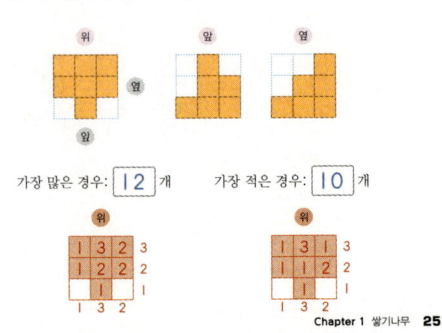

위   앞   옆

가장 많은 경우: [12] 개   가장 적은 경우: [10] 개

위

1	3	2	3
1	2	1	2
	1		1
    1   3   2

위

1	3	1	3
1	2	1	2
	1		1
    1   3   2

🏠 쌓기나무를 쌓은 가짓수

26
27

위, 앞, 옆에서 본 모양을 보고 쌓기나무를 몇 가지 모양으로 쌓을 수 있는지 알아봅시다.

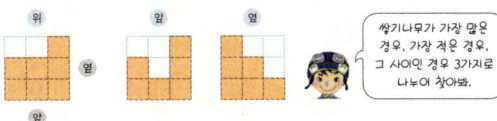

💬 쌓기나무가 가장 많은 경우, 가장 적은 경우, 그 사이인 경우 3가지로 나누어 찾아봐.

❶ 다음은 위에서 본 모양에 앞과 옆에서 본 가장 높은 층의 수를 쓴 것입니다. 쌓은 쌓기나무의 개수가 가장 많을 때와 가장 적을 때 각 자리에 쌓은 쌓기나무의 개수를 쓰고, 각 경우에 필요한 쌓기나무의 개수를 □ 안에 써넣으시오.

가장 많은 경우: 12 개   가장 적은 경우: 10 개

$3×1+2×3+1×3=12(개)$ $3×1+2×1+1×5=10(개)$

❷ ❶과 다른 경우를 모두 찾아보고, 필요한 쌓기나무의 개수를 □ 안에 써넣으시오.

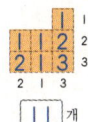 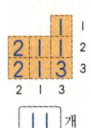 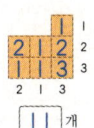

11 개   11 개   11 개

❸ 모두 몇 가지 모양으로 쌓을 수 있습니까? 5가지

[쌓기나무를 쌓은 방법]

1 위, 앞, 옆에서 본 모양을 보고 쌓기나무를 쌓으려고 합니다. 물음에 답하시오.

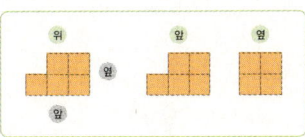

❶ 쌓은 쌓기나무가 가장 적은 경우에 각 자리에 쌓아 올린 쌓기나무의 개수를 써넣었습니다. 필요한 쌓기나무는 몇 개이고, 방법은 모두 몇 가지입니까?

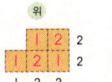

가장 적은 경우: 7 개
방법의 가짓수: 2 가지

❷ 쌓은 쌓기나무가 가장 많은 경우에 각 자리에 쌓은 쌓기나무의 개수를 쓰시오. 필요한 쌓기나무는 몇 개이고, 방법은 모두 몇 가지입니까?

가장 많은 경우: 9 개
방법의 가짓수: 1 가지

❸ 쌓은 쌓기나무가 8개인 경우에 각 자리에 쌓아 올린 쌓기나무의 개수를 쓰시오. 방법은 모두 몇 가지입니까? 4가지

👩 창의적 문제해결력

28
29

1 쌓기나무 9개로 쌓은 모양을 보고 바닥에 닿는 면의 모양을 오른쪽에 그리시오.

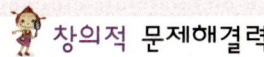

💬 쌓기나무가 9개야. 보이지 않는 부분이 있는지 살펴봐야 해.

2 쌓기나무로 쌓은 모양을 보고 위, 앞, 옆에서 본 모양을 그리시오.

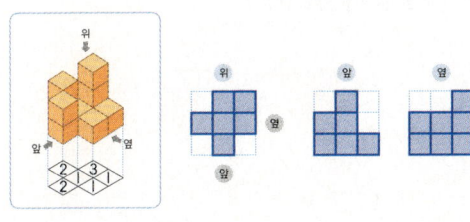

📹 동영상 특강
QR 코드를 찍어 보세요!!!

3 다음 각 칸에 적힌 수는 그 칸에 쌓은 쌓기나무의 개수입니다. 앞과 옆에서 본 모양을 그려 보시오.

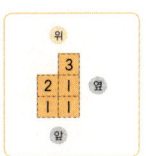  

4 쌓기나무로 쌓은 모양을 위, 앞, 옆에서 본 모양입니다. 쌓은 쌓기나무가 가장 많은 경우와 가장 적은 경우의 쌓기나무의 개수를 구하여 차례로 쓰시오. 12개, 10개

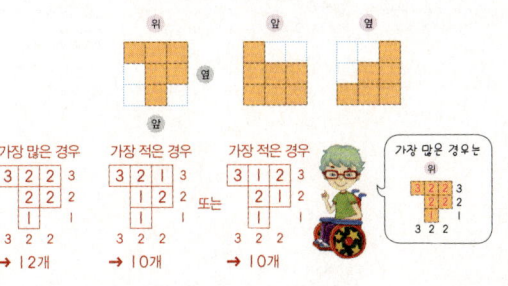

4 정육면체의 전개도

아이들이 정육면체의 전개도 11가지를 빠짐없이 모눈에 그리는 방법을 알아봅니다.

└─ 정육면체의 모서리를 잘라서 펼쳐 놓은 그림

정육면체는 면이 6개니까 모눈 6칸을 색칠해야 해.

접었을 때 한 꼭짓점에 세 면이 모이므로 한 점에 네 면이 모이는 모양은 안 돼. (×)

머릿속으로 생각하여 접었을 때 겹치는 면이 있으면 안 돼. (×)

태경   초이   지오

아인이는 전개도의 가장 긴 줄에 4칸이 있는 모양을 2가지 경우로 나누어 6개를 그렸습니다.

〈경우 1〉

① ② ③ ④

〈경우 2〉

⑤ ⑥

가장 긴 줄에 4칸이 있는 모양은 6가지야.

돌리거나 뒤집어서 같은 모양이 없도록 ■ 모양을 고정시키고 나머지 ■ 모양을 1칸씩 움직였어.

아인

정육면체의 전개도 중 가장 긴 줄에 3칸이 있는 모양과 2칸이 있는 모양입니다. 나머지 한 칸을 색칠하여 정육면체의 전개도 5가지를 완성하시오.

가장 긴 줄이 3칸인 경우

가장 긴 줄이 2칸인 경우

돌리거나 뒤집었을 때 같은 모양이 없도록 그려야 해.

포인트

접어서 정육면체를 만들 수 있는 서로 다른 모양의 전개도는 모두 11가지입니다.

11가지의 전개도를 모두 빠짐없이 그리기 위해서는 가장 긴 줄이 4칸짜리, 3칸짜리, 2칸짜리인 경우로 나누어 구합니다. 이때 다음과 같이 전개도를 돌리거나 뒤집어서 같은 모양은 한 가지로 봅니다.

전개도 완성하기

다음은 정육면체 전개도의 일부분입니다. 여기에 정사각형 2개를 붙여 만들 수 있는 정육면체의 전개도를 알아봅시다. (단, 돌리거나 뒤집어서 같은 모양은 한 가지로 봅니다.)

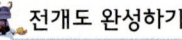

❶ 가장 긴 줄이 2칸짜리인 정육면체의 전개도를 그리시오.

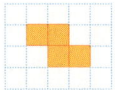 또는

가장 긴 줄이 2칸짜리인 전개도는 계단 모양이지.

❷ 가장 긴 줄이 3칸짜리가 되도록 1칸을 ■로 색칠한 것입니다. 나머지 1칸을 더 색칠하여 정육면체의 전개도를 완성하시오.

❸ 가장 긴 줄이 4칸짜리가 되도록 2칸을 더 색칠하여 정육면체의 전개도를 완성하시오.

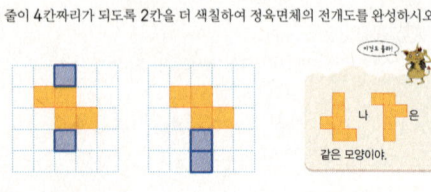

은 같은 모양이야.

[만들 수 있는 전개도의 가짓수]

1 다음 그림에 정사각형을 하나 더 그려 넣어 정육면체의 전개도를 그릴 때 서로 다른 모양의 전개도는 몇 가지 그릴 수 있습니까? (단, 돌리거나 뒤집어서 같은 모양은 한 가지로 봅니다.) **3가지**

주어진 도형의 둘레에 정사각형을 하나씩 붙여가며 알아봐.

(×)   (○)

[합이 가장 클 때의 전개도]

2 다음 표 위에 정육면체의 전개도를 그립니다. 6개의 면에 적힌 수의 합이 가장 클 때의 값은 얼마입니까? **68**

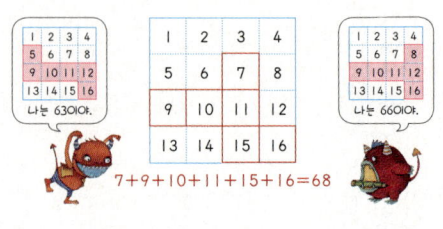

1	2	3	4
5	6	7	8
9	10	11	12
13	14	15	16

나는 63이야.

나는 66이야.

$7+9+10+11+15+16=68$

정답 및 해설 **7**

🐷 마주 보는 면, 만나는 점

다음은 전개도를 접었을 때 마주 보는 면끼리 같은 도형을 그리고, 만나는 점끼리 점선으로 이은 것입니다.

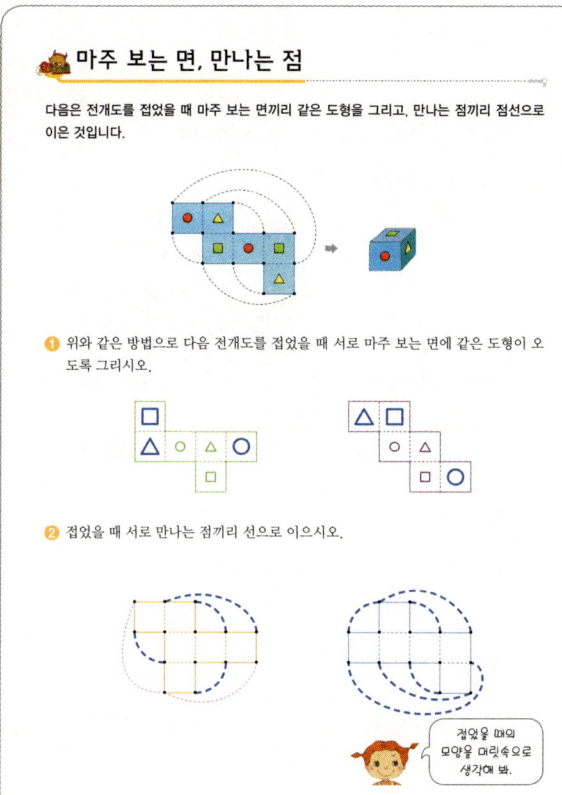

❶ 위와 같은 방법으로 다음 전개도를 접었을 때 서로 마주 보는 면에 같은 도형이 오도록 그리시오.

❷ 접었을 때 서로 만나는 점끼리 선으로 이으시오.

접었을 때의
모양을 머릿속으로
생각해 봐.

[마주 보는 면]

1 다음은 서로 마주 보는 면의 수의 합이 7인 정육면체 모양의 주사위를 펼친 전개도입니다. 빈 곳에 알맞은 수를 써넣으시오. (단, 주사위에 쓰인 숫자의 방향은 생각하지 않습니다.)

❶ | 6 | 4 | 1 |
| | | 2 | 3 | 5 |

❷ | 6 | 5 | |
| | 4 | 1 | 3 | 2 |
| | | | | | 2 |

[만나는 점]

2 다음 전개도를 접었을 때 표시된 점과 만나는 곳에 모두 점을 찍고 선으로 이으시오.

❶   ❷

⑤ 모양이 있는 전개도

수학 교구로 만든 정육면체의 세 면에 모양을 그린 후 여러 가지 방법으로 펼쳤습니다. 이 전개도로 대마법사 멀린이 공간 감각을 키우는 방법에 대해 이야기합니다.

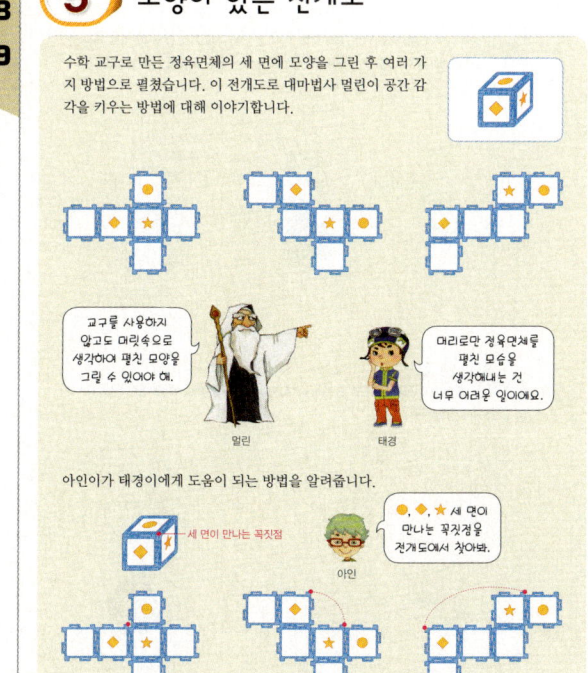

교구를 사용하지 않고도 머릿속으로 생각하여 펼친 모양을 그릴 수 있어야 해.

멀린

머리로만 정육면체를 펼친 모습을 생각해내는 건 너무 어려운 일이에요.

태경

아인이가 태경이에게 도움이 되는 방법을 알려줍니다.

세 면이 만나는 꼭짓점

●, ◆, ★ 세 면이 만나는 꼭짓점을 전개도에서 찾아봐.

아인

❻ 다음은 ●, ★, ◆이 그려진 정육면체를 여러 가지 방법으로 펼친 전개도입니다. 보기 와 같이 도형이 그려진 세 면이 한 곳에서 모이는 꼭짓점을 전개도에서 모두 찾아 표시하시오.

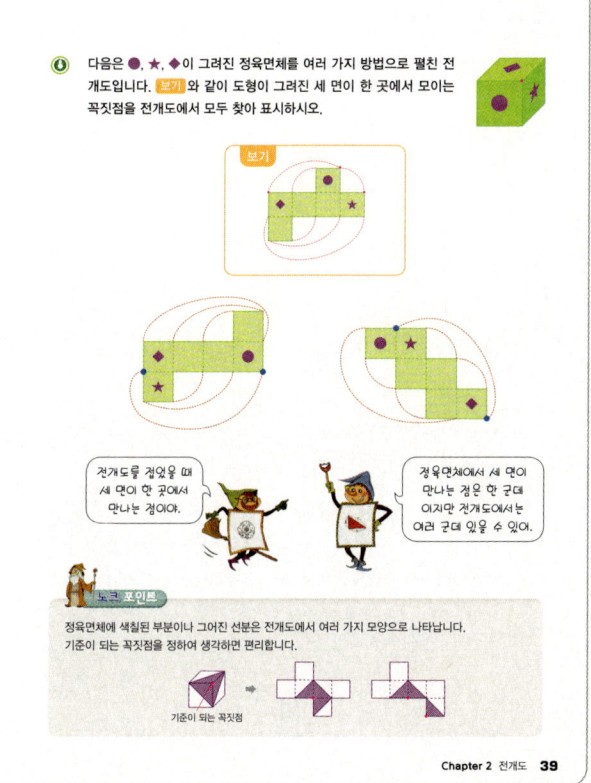

보기

전개도를 접었을 때 세 면이 한 곳에 만나는 점이야.

정육면체에서 세 면이 만나는 점은 한 군데이지만 전개도에서는 여러 군데 있을 수 있어.

🐷 노크 포인트

정육면체에 색칠된 부분이나 그려진 선분은 전개도에서 여러 가지 모양으로 나타납니다. 기준이 되는 꼭짓점을 정하여 생각하면 편리합니다.

기준이 되는 꼭짓점

🐉 색칠한 부분

40·41

정육면체 모양의 통에 파란색 물감을 담았습니다. 이 정육면체에 파란색 물감이 묻은 부분을 전개도에 나타내어 봅시다.

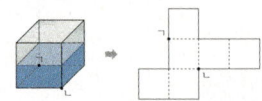

❶ 다음 전개도에 파란색 물감이 묻은 부분을 색칠하여 보시오.

원래의 전개도보다 이 전개도에서 파란색 물감이 묻은 부분을 쉽게 알 수 있어.

❷ ❶에서 색칠한 전개도의 한 면을 옮겨 오른쪽 전개도를 만들었습니다. 오른쪽 전개도에 파란색 물감이 묻은 부분을 색칠하시오.

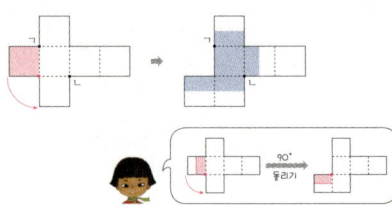

90°
돌리기

---

1 [전개도에 귀퉁이 나타내기]
다음 그림과 같이 정육면체의 한쪽 귀퉁이를 색칠하였습니다. 색칠한 부분을 전개도에 나타내시오.

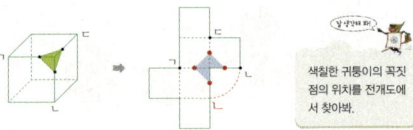

색칠한 귀퉁이의 꼭짓점의 위치를 전개도에서 찾아봐.

2 [색칠된 정육면체의 전개도]
다음 그림과 같이 세 면이 색칠된 정육면체의 전개도로 알맞은 것을 고르시오.   ②

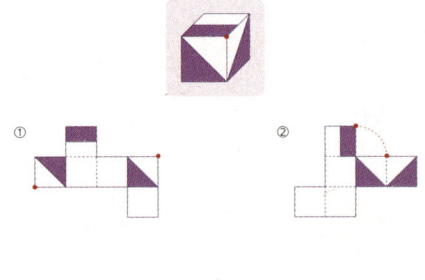

①   ②

🐢 선이 있는 전개도

42·43

선분 4개가 그어진 정육면체의 전개도를 완성하여 봅시다.

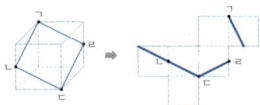

❶ 오른쪽 전개도에 선분 ㄴㄷ과 선분 ㄷㄹ을 그리시오.

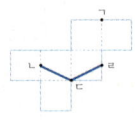

❷ 전개도를 접었을 때 점 ㄱ과 만나는 점을 찾아 ㄱ이라 표시하고, 선분 ㄱㄴ을 그리시오.

❸ 전개도를 접었을 때 점 ㄹ과 만나는 점을 찾아 ㄹ이라 표시하고, 선분 ㄱㄹ을 그리시오.

전개도를 접었을 때 선으로 연결된 두 점이 만나.

---

1 [선분 긋기]
다음과 같이 선분 3개가 그어진 정육면체의 전개도가 있습니다. 이 전개도를 접었을 때의 모양을 완성하시오.

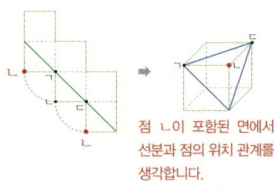

점 ㄴ이 포함된 면에서 선분과 점의 위치 관계를 생각합니다.

2 [가장 짧은 거리]
정육면체의 꼭짓점 ㄱ에서 출발하여 꼭짓점 ㅁ으로 가는 가장 짧은 거리를 오른쪽 전개도에 나타내시오.

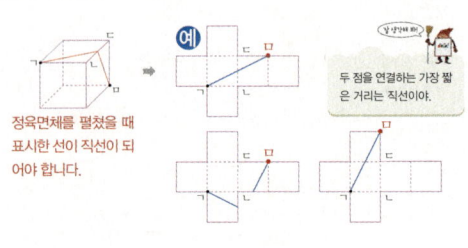

예

정육면체를 펼쳤을 때 표시한 선이 직선이 되어야 합니다.

두 점을 연결하는 가장 짧은 거리는 직선이야.

6 직육면체의 전개도

초이가 모서리의 길이가 2, 1, 1인 직육면체를 하나 그렸습니다.

한입 요괴야~ 이 직육면체의 서로 다른 전개도는 몇 가지나 될까?

정육면체의 서로 다른 전개도는 11가지이니까 그것보다는 좀 더 많을 거야.

위와 같이 모서리의 길이가 2종류인 직육면체의 서로 다른 전개도는 29가지입니다. 직육면체의 서로 다른 전개도를 그릴 때에는 정육면체의 전개도와 마찬가지로 기준을 세운 후, 경우를 따져 중복되지 않고 빠짐 없이 모두 그릴 수 있도록 합니다.

세로로 길게 세워 직사각형 4개를 붙인 모양이 6가지가 있어.

아인

그럼 다음에는 직사각형 3개를 붙인 모양이군. 4가지가 있어.

태경

직육면체의 전개도를 완성하시오.

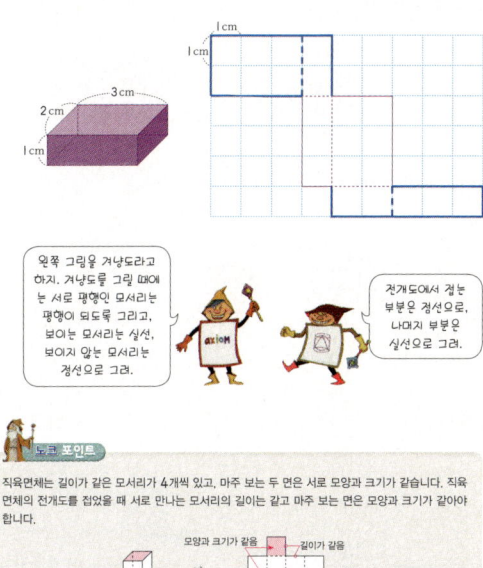

왼쪽 그림을 겨냥도라고 하지. 겨냥도를 그릴 때에는 서로 평행인 모서리는 평행이 되도록 그리고, 보이는 모서리는 실선, 보이지 않는 모서리는 점선으로 그려.

전개도에서 접는 부분은 점선으로, 나머지 부분은 실선으로 그려.

네크 포인트

직육면체는 길이가 같은 모서리가 4개씩 있고, 마주 보는 두 면은 서로 모양과 크기가 같습니다. 직육면체의 전개도를 접었을 때 서로 만나는 모서리의 길이는 같고 마주 보는 면은 모양과 크기가 같아야 합니다.

직육면체의 서로 다른 전개도 중 둘레가 가장 짧은 전개도는 가장 긴 모서리가 접히는 부분이 되도록 만들면 됩니다.

색종이로 직육면체 만들기

네 종류의 직사각형 모양 색종이가 여러 장씩 있습니다. 이 색종이를 사용하여 만들 수 있는 서로 다른 모양의 직육면체를 알아봅시다.

❶ 같은 종류의 색종이 6장을 모두 사용하여 만든 직육면체입니다. □ 안에 알맞은 수를 써넣으시오.

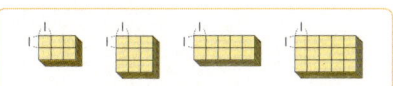

❷ 두 종류의 색종이를 사용하여 만든 직육면체입니다. 빈 곳에 직육면체의 겨냥도를 그리고 모서리의 길이를 쓰시오.

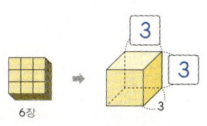

❸ 세 종류의 색종이를 2장씩 사용하여 만들 수 있는 직육면체의 겨냥도를 빈 곳에 그리고 모서리의 길이를 쓰시오.

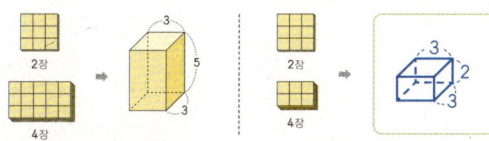

[색종이 수 구하기]

1 왼쪽 색종이를 사용하여 오른쪽 직육면체를 만들었습니다. 필요한 색종이의 수를 □ 안에 써넣으시오.

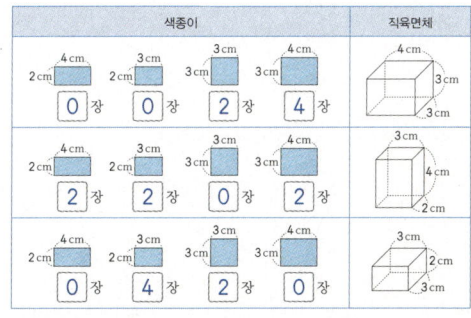

[겨냥도 완성하기]

2 다음 6장의 색종이를 이용하여 만들 수 있는 직육면체의 겨냥도를 완성하시오.

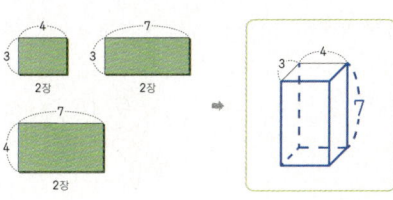

🦉 전개도의 둘레

직육면체의 전개도를 그릴 때, 전개도의 둘레가 가장 긴 경우와 가장 짧은 경우의 길이를 구해 봅시다.

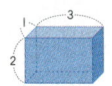

❶ 다음은 둘레가 가장 짧을 때의 전개도입니다. 전개도의 둘레를 구하시오. **22**

둘레가 짧으려면 길이가 가장 긴 모서리가 접는 부분이 되어야 해.

(○)　(×)

전개도에서 점선으로 된 접는 부분을 한 면에서 보면 모두 길이가 가장 긴 모서리야.

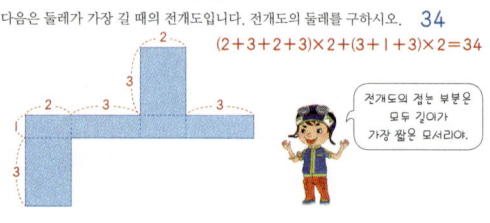

$(1×2+2×2)×2+(1×2+3)×2$
$=12+10=22$

❷ 다음은 둘레가 가장 길 때의 전개도입니다. 전개도의 둘레를 구하시오. **34**

$(2+3+2+3)×2+(3+1+3)×2=34$

전개도의 접는 부분은 모두 길이가 가장 짧은 모서리야.

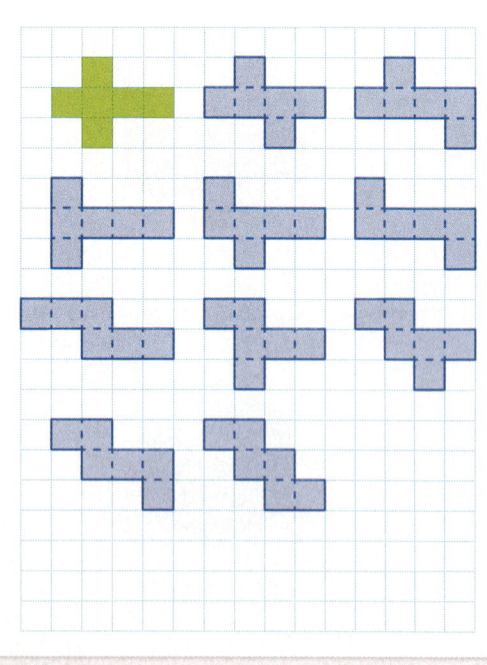

[전개도의 둘레]

1 다음은 오른쪽 직육면체의 전개도를 2가지 방법으로 그린 것입니다. 전개도의 둘레를 구하여 □ 안에 써넣으시오.

둘레: 28

$(1+2+1)×2+(1+4+1+4)×2$
$=28$

둘레: 34

$(1+2+4)×2+(4+1+4+1)×2$
$=34$

[가장 짧을 때의 둘레]

2 모서리의 길이가 각각 2, 3, 4인 직육면체의 전개도를 그립니다. 전개도의 둘레가 가장 짧을 때의 길이를 구하시오. **36**

각 면을 이루는 모서리 중 긴 모서리가 전개도의 접는 부분이 되어야 해.

$(2+3+2+3)×2+(2+4+2)×2=36$

👧 창의적 문제해결력

1 다음 모눈종이 위에 정육면체의 서로 다른 전개도 11가지를 모두 그리시오. (단, 돌리거나 뒤집어서 같은 모양은 한 가지로 봅니다.)

🔖 **동영상 특강**
QR 코드를 찍어 보세요!!!

2 다음 전개도를 접었을 때의 모양을 고르시오. ②

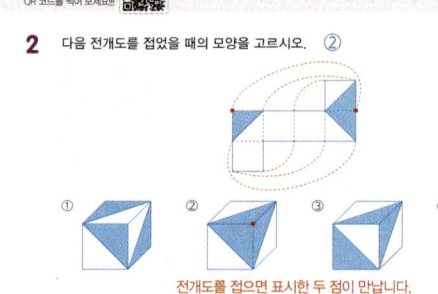

① ② ③ ④

전개도를 접으면 표시한 두 점이 만납니다.

3 다음 직육면체의 전개도를 모눈종이 위에 알맞게 그리시오.

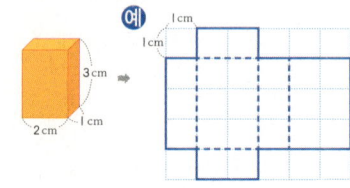

정답 및 해설　**11**

정육면체

7 색칠한 정육면체

루빅스 큐브는 여러 개의 작은 정육면체가 모여 만들어진 하나의 큰 정육면체 형태로, 조각을 여러 방향으로 돌려서 각 면의 색깔을 같은 색으로 맞추는 퍼즐입니다.

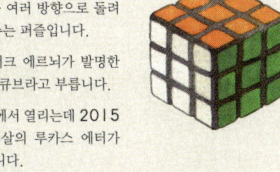

이 퍼즐은 1974년 헝가리의 루비크 에르뇌가 발명한 것으로 발명자의 이름을 따 루빅스 큐브라고 부릅니다.

매년 루빅스 큐브 대회가 여러 나라에서 열리는데 2015년에 미국에서 열린 대회에서 14살의 루카스 에터가 4.9초 만에 큐브를 맞추었다고 합니다.

손이 보이지 않는군.

루빅스 큐브를 나누어 보면 한가운데에 큐브를 연결하는 막대가 있고 모두 26개의 작은 조각으로 나누어집니다. 이 조각들은 위치에 따라 중앙 조각, 꼭짓점 조각, 모서리 조각으로 나누어집니다.

꼭짓점 조각
모서리 조각
중앙 조각

중앙 조각이 각 면에 하나씩 모두 6개가 있군.

루빅스 조각은 위치에 따라 중앙 조각, 꼭짓점 조각, 모서리 조각으로 나누어집니다. 중앙 조각은 색칠된 면이 1개입니다. 꼭짓점 조각과 모서리 조각은 색칠된 면이 각각 몇 개인지 표를 완성하시오.

루빅스 조각	중앙 조각	꼭짓점 조각	모서리 조각
색칠된 면의 개수	1	3	2

루빅스 26조각 중 색칠된 면이 1개, 2개, 3개인 조각은 각각 몇 개입니까?

색칠된 면이 1개인 조각: 6 개

색칠된 면이 2개인 조각: 12 개

색칠된 면이 3개인 조각: 8 개

꼭짓점 조각은 정육면체의 꼭짓점의 수와 같군.

정육면체의 모서리는 12개야.

모서리

도토 포인트

정육면체의 겉면을 모두 색칠한 다음 각 모서리를 똑같이 셋으로 나누어 같은 크기의 작은 정육면체 27개를 만들 때
① 세 면이 색칠된 작은 정육면체는 큰 정육면체의 꼭짓점 부분,
② 두 면이 색칠된 작은 정육면체는 큰 정육면체의 모서리 부분,
③ 한 면이 색칠된 작은 정육면체는 큰 정육면체의 면 부분에 있습니다.
④ 한 면도 색칠되지 않은 작은 정육면체는 한가운데 조각 1개입니다.

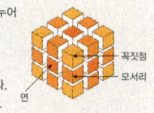

꼭짓점
모서리
면

색칠한 정육면체 자르기

정육면체의 겉면을 모두 색칠한 다음, 각 모서리를 똑같이 넷으로 나누어 작은 정육면체 64개를 만들었습니다. 한 면도 색칠되지 않은 작은 정육면체의 개수를 알아봅시다.

❶ 다음 그림에 한 면, 두 면, 세 면이 색칠된 작은 정육면체를 각각 찾아 색칠하고 그 개수를 구하시오.

색칠된 면의 개수	한 면	두 면	세 면
색칠하기			
개수 구하기	4×6=24(개)	2×12=24(개)	1×8=8(개)

❷ 한 면도 색칠되지 않은 작은 정육면체는 모두 몇 개입니까? 8개

4×4×4−(24+24+8)
=64−56
=8(개)

작은 정육면체 전체 개수에서 색칠된 정육면체의 개수를 빼.

[세 면이 칠해진 정육면체]

1 태경이는 겉면이 모두 색칠된 큰 정육면체를 크기가 같은 1000개의 작은 정육면체로 나누었습니다. 세 면이 색칠된 작은 정육면체는 모두 몇 개입니까? 8개

세 면이 색칠된 작은 정육면체는 모두 큰 정육면체의 꼭짓점 부분에 있습니다.

[두 면이 칠해진 정육면체]

2 정육면체의 겉면을 모두 색칠한 다음, 다음과 같이 잘랐습니다. 두 면이 색칠된 작은 정육면체는 모두 몇 개입니까? 36개

두 면이 색칠된 작은 정육면체는 모두 큰 정육면체의 모서리 부분에 있습니다.

3×12=36(개)

58 59

🐿 색칠한 쌓기나무

그림과 같이 쌓기나무를 쌓은 후, 바닥을 포함한 모든 겉면을 색칠하였습니다. 세 면이 색칠된 쌓기나무의 개수를 구해 봅시다.

❶ 세 면이 색칠된 쌓기나무를 모두 찾아 색칠하시오.

2층과 3층에는 꼭짓점 부분에 세 면이 색칠된 쌓기나무가 있어.

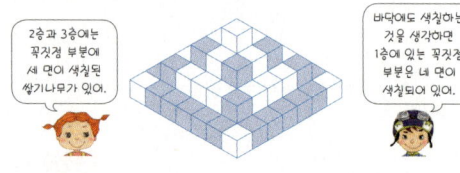

바닥에도 색칠하는 것을 생각하면 1층에 있는 꼭짓점 부분의 네 면이 색칠되어 있어.

❷ 세 면이 색칠된 쌓기나무의 개수를 구하여 표를 완성하시오.

층	1층	2층	3층	4층
개수	20	4	4	0

5×4=20(개)

❸ 세 면이 색칠된 쌓기나무는 모두 몇 개입니까? **28개**

20+4+4=28(개)

[네 면이 색칠된 쌓기나무]

1 다음과 같이 쌓기나무 27개로 쌓은 쌓기나무의 바닥을 포함한 모든 겉면을 색칠했을 때, 네 면이 색칠된 쌓기나무는 모두 몇 개입니까? **6개**

1층: 4개
2층: 0개
3층: 2개
4+0+2=6(개)

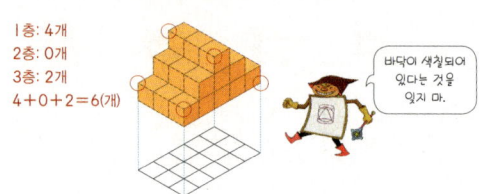

바닥이 색칠되어 있다는 것을 잊지 마.

[세 면이 색칠된 쌓기나무]

2 다음과 같이 벽에 닿게 쌓기나무를 쌓고, 바닥을 포함한 모든 겉면에 색칠을 했습니다. 세 면이 색칠된 쌓기나무는 모두 몇 개입니까? **11개**

벽면에 닿는 면도 색칠해. 각 층으로 나누어 생각해 봐.

4층에는 없고, 3층에는 3개가 있군.

1층의 꼭짓점 부분에 놓인 보이지 않는 쌓기나무도 세 면이 색칠되어 있습니다.

1층: 5개, 2층: 3개, 3층: 3개, 4층: 0개
5+3+3=11(개)

---

60 61

⑧ 정육면체 주사위

🟢 다음 중 다른 종류의 주사위를 찾아 ○표 하시오.

한 꼭짓점을 중심으로 수의 순서대로 화살표를 그려 봐.

🏷 토크 포인트

주사위의 원리에는 7점 원리와 좌회전의 원리가 있습니다.
① 마주 보는 면의 수의 합이 항상 7인 것을 **7점 원리**라고 합니다.
따라서 한 번에 보이는 세 면의 수 중 두 수의 합이 7이 되는 경우는 없습니다.

② 주사위의 눈이 (1, 2, 3) 또는 (4, 5, 6)이 시계 반대 방향으로 놓여 있을 때 **좌회전 주사위**라고 합니다.

정답 및 해설 **13**

🎲 좌회전 주사위

다음 중 다른 주사위 하나를 찾아봅시다. (단, 주사위는 모두 7점 원리가 적용되고, 주사위에 적힌 숫자의 방향은 생각하지 않습니다.)

 ① ② ③ ④

❶ 다음 왼쪽 주사위는 윗면이 Ⅰ인 좌회전 주사위의 기본 모양입니다. 윗면을 그대로 두고 오른쪽 옆면이 앞면이 되도록 **90°**씩 돌렸습니다. ①번 주사위는 좌회전 주사위입니까? 우회전 주사위입니까? **좌회전 주사위**

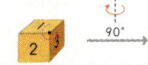 ──90°→ 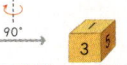 ──90°→

90°씩 돌렸을 때 새로 나타나는 수는 7점 원리를 이용하여 알 수 있습니다.

❷ 윗면을 2, 3으로 하고 ❶과 같은 방법으로 좌회전 주사위를 돌렸습니다. 주사위의 비어 있는 면에 알맞은 수를 쓰시오.

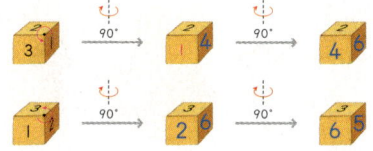

❸ 4개의 주사위 중 다른 주사위를 찾아 번호를 쓰시오. ③

[수의 입]

1 다음은 7점 원리가 적용된 주사위입니다. 이 주사위의 꼭짓점 ㄱ에서 만나는 세 면의 수의 합이 Ⅰ+2+3=6일 때, 꼭짓점 ㄴ에서 만나는 세 면의 수의 합은 얼마입니까? **7**

7점 원리를 이용하여 3과 마주 보는 면의 수를 구해 봐.

7점 원리에 의해 3과 마주 보는 면의 수는
7−3=4이므로 꼭짓점 ㄴ에서 만나는
세 면의 수는 Ⅰ, 2, 4입니다.
따라서 세 면의 수의 합은 Ⅰ+2+4=7입니다.

[같은 주사위 찾기]

2 다음 중 같은 종류의 주사위끼리 선으로 이으시오. (단, 주사위에 적힌 숫자의 방향을 생각하지 않습니다.)

윗면을 그대로 두고 90°씩 돌려서 생각합니다.

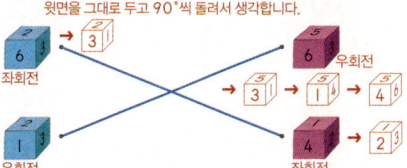

🐗 세 면의 수의 합

다음은 Ⅰ부터 6까지의 수가 적힌 7점 원리의 주사위입니다. 이 주사위의 꼭짓점 ㄱ과 ㄴ에서 만나는 세 면의 수의 합이 각각 6과 9입니다. 이 주사위의 색칠된 면의 수는 얼마인지 알아봅시다.

 ... ...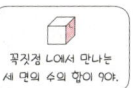

꼭짓점 ㄴ에서 만나는 세 면의 수의 합이 9야.

❶ 꼭짓점 ㄴ에서 만나는 세 면의 수의 합이 9가 되는 경우를 모두 구해 보시오.

(Ⅰ , 2 , 6), (Ⅰ , 3 , 5), (2 , 3 , 4)
Ⅰ+2+6=9

❷ ❶에서 구한 세 면의 수 중 한눈에 보이는 세 면의 수로 가능한 경우를 찾아 쓰시오.

(Ⅰ , 3 , 5)

7점 원리에 따르면 Ⅰ과 6, 3과 4는 서로 마주 보는 면이야. 따라서 한눈에 보이는 세 면의 수가 될 수 없지.

(Ⅰ, 2, 6)에서 Ⅰ과 6은 7점 원리에 따라 마주 보는 면의 수이므로 불가능합니다.
(2, 3, 4)에서 3과 4는 7점 원리에 따라 마주 보는 면의 수이므로 불가능합니다.

❸ 꼭짓점 ㄱ에서 만나는 세 면의 수의 합은 6입니다. 세 면의 수를 쓰시오.

(Ⅰ , 2 , 3)

❹ ❷에서 ❷와 ❸의 공통인 수를 빼면 색칠된 면의 수가 됩니다. 색칠된 면의 수를 구하시오. **5**

[합이 가장 클 때의 꼭짓점]

1 다음은 7점 원리의 주사위입니다. 한 꼭짓점에서 만나는 세 면의 수의 합이 가장 클 때 그 합을 구하시오. **Ⅰ5**

한 꼭짓점에서 만나는 세 면의 수의 합이 가장 클 때는 4, 5, 6입니다.
4+5+6=Ⅰ5

[색칠한 면의 수]

2 다음은 Ⅰ부터 6까지의 수가 적힌 7점 원리의 주사위입니다. 꼭짓점 ㄱ과 ㄴ에서 만나는 세 면의 수의 합이 각각 Ⅰ4와 Ⅰ5입니다. 색칠한 면의 수는 얼마입니까? **4**

4+5+6=Ⅰ5

합이 Ⅰ4인 꼭짓점 ㄱ에서 만나는 세 면의 수: (3, 5, 6)
합이 Ⅰ5인 꼭짓점 ㄴ에서 만나는 세 면의 수: (4, 5, 6)
주사위는 또는  이므로 색칠한 면의 수는 4입니다.

9 여러 가지 정육면체 문제

태경이가 정육면체의 윗면과 오른쪽 옆면에 대각선을 그었습니다.

두 대각선이 이루는 각의 크기가 90°가 아니라고 생각한 태경이가 앞면에 대각선을 하나 더 그어서 대각선으로 이루어진 삼각형을 만들었습니다.

정육면체의 꼭짓점 또는 모서리의 가운데 점을 이은 면의 모양을 나타낸 것입니다. 관계있는 것끼리 선으로 이으시오.

정삼각형 / 정삼각형이 아닌 이등변삼각형 / 정사각형 / 정사각형이 아닌 직사각형

정육면체를 평면으로 잘랐을 때 여러 가지 모양이 나오는군.

이런 식으로 자르면 자른 면의 모양은 정육각형(⬡)이 나와.

도크 포인트

정육면체를 평면으로 한 번 잘랐을 때 잘린 면은 삼각형, 사각형, 오각형, 육각형 등 여러 가지 모양이 나옵니다.

투명한 정육면체에 그은 굵은 선을 위, 앞, 옆에서 볼 때 굵은 선은 테두리로 보입니다.

다음은 윗면에 그려진 굵은 선을 앞에서 본 모양입니다.

🐛 투명한 정육면체

투명한 정육면체 모양의 상자에 3가지 색의 굵은 선을 그은 후 앞에서 본 모양을 알아본 것입니다.

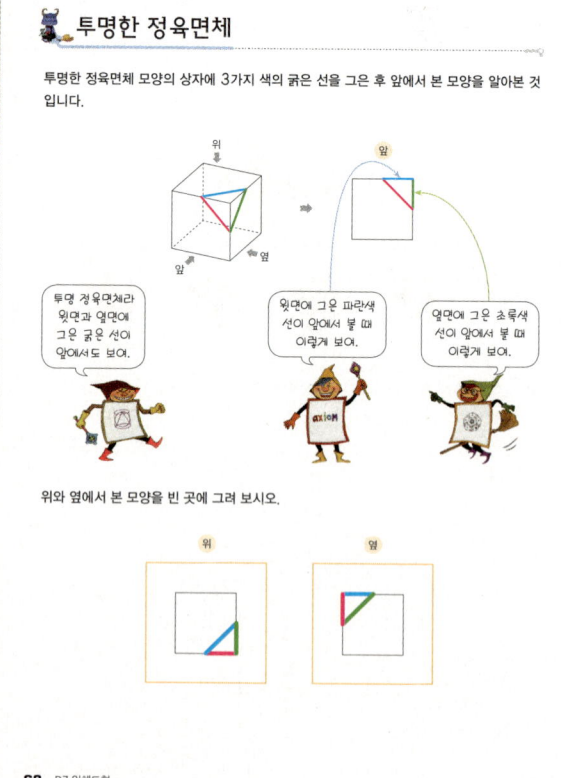

위와 옆에서 본 모양을 빈 곳에 그려 보시오.

위 / 옆

[투명한 정육면체의 위, 앞, 옆 모양]

1 투명한 정육면체의 세 면에 굵은 선을 그린 후 위에서 본 모양을 그렸습니다. 앞과 옆에서 본 모양을 빈 곳에 각각 그리시오.

위 / 앞 / 옆

[투명한 정육면체의 위, 앞, 옆 모양]

2 투명한 정육면체의 윗면과 아랫면에 굵은 대각선을 그었습니다. 위, 앞, 옆에서 본 모양을 빈 곳에 각각 그리시오.

앞에서 본 모양과 옆에서 본 모양이 같군.

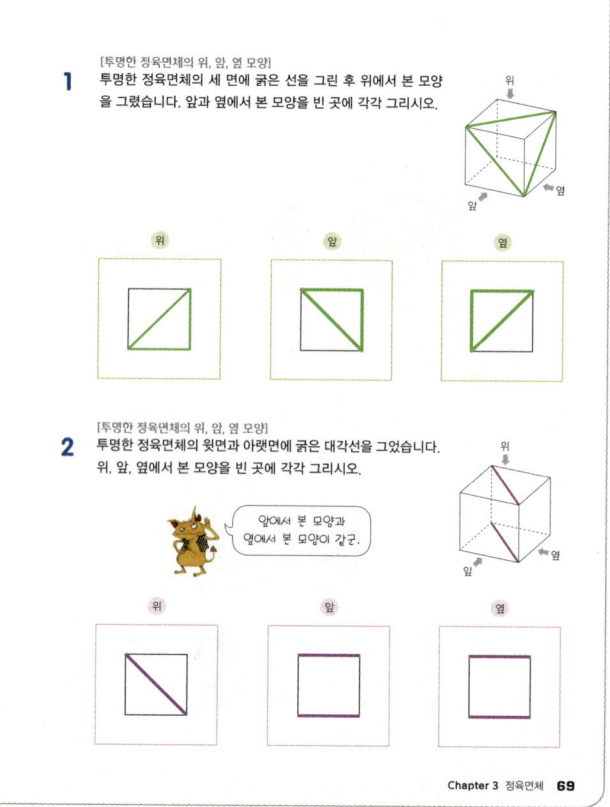

위 / 앞 / 옆

🦫 마주 보는 면의 모양

다음은 여러 가지 모양이 그려진 주사위를 여러 방향으로 돌려가며 본 것입니다. 마주 보는 면의 모양끼리 짝 지어 봅시다.

❶ 한눈에 보이는 세 면의 모양은 서로 마주 보는 면의 모양이 될 수 없습니다. ◯와 마주 보는 면의 모양이 아닌 것에 ×표, ◯와 마주 보는 면의 모양에 ◯표 하시오.

모양	✚	▢	◎	✚	▢
◯와 마주 보는 모양	×	×	×	◯	×

◯을 보면 ✚와 ▢는 ◯와 마주 보는 면에 있지 않아.

❷ ❶과 같은 방법으로 표를 완성하여 ◯와 마주 보는 면의 모양을 찾으시오.

모양	✚	▢	◎	✚	▢
◯와 마주 보는 모양	◯	×	×	×	×

❸ 마주 보는 면의 모양끼리 짝 지어 보시오.

[마주 보는 면]

1 다음은 Ⓐ, Ⓑ, Ⓒ, Ⓓ, Ⓔ, Ⓕ가 적힌 같은 주사위 3개를 한 번씩 굴린 모양입니다. 이 주사위의 전개도를 완성하시오. (단, 알파벳의 방향은 생각하지 않습니다.)

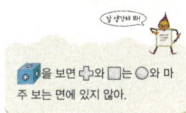

Ⓐ, Ⓑ, Ⓒ, Ⓓ는 모두 같은 것이라 생각하고 문제를 해결해.

한 눈에 보이는 세 면 위의 문자는 서로 마주 볼 수 없으므로 ×표 합니다.

	Ⓐ	Ⓑ	Ⓒ	Ⓓ	Ⓔ	Ⓕ
Ⓐ		◯	×	×	×	◯
Ⓒ	×	×		◯	×	◯
Ⓓ	×	◯	◯		◯	×

마주 보는 면
Ⓑ — Ⓐ
Ⓒ — Ⓔ
Ⓓ — Ⓕ

[바닥 면의 수]

2 1, 2, 3, 7, 8, 9가 적힌 주사위를 한 번씩 던져 바닥에 닿는 면의 수가 가장 큰 요괴가 이기는 게임을 합니다. 게임에서 이긴 요괴는 누구입니까? 산만해 요괴

잘난척 요괴   산만해 요괴   딴소리 요괴

한 눈에 보이는 세 면 위의 수는 서로 마주 볼 수 없으므로 ×표 합니다.

	1	2	3	7	8	9
2	×		×	×	◯	×
7	◯	×	×		×	×
9	×	×	◯	×	×	

마주 보는 면
1 — 7
2 — 9
3 — 8

따라서 잘난척 요괴는 3, 산만해 요괴는 9, 딴소리 요괴는 8이 바닥에 닿은 면의 수이므로 산만해 요괴가 이겼습니다.

🧑 창의적 문제해결력

1 크기가 같은 작은 정육면체를 쌓아 큰 정육면체를 만든 후, 바닥면을 포함한 바깥쪽 면을 모두 색칠하였습니다. 한 면만 색칠된 작은 정육면체가 24개일 때, 두 면이 색칠된 작은 정육면체는 모두 몇 개입니까? 24개

한 면만 색칠된 작은 정육면체는 큰 정육면체의 한 면에 ㅣ개씩 있군.

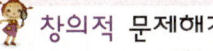

2×12=24(개)

2 7점 원리 주사위의 한 꼭짓점에 모이는 세 면의 수의 합이 가장 작을 때는 6, 가장 클 때는 15입니다. 6에서 15까지의 수 중 한 꼭짓점에 모이는 세 면의 수의 합이 될 수 없는 수를 모두 구하시오. 8, 13

가장 작을 때   가장 클 때

1+2+3=6   4+5+6=15

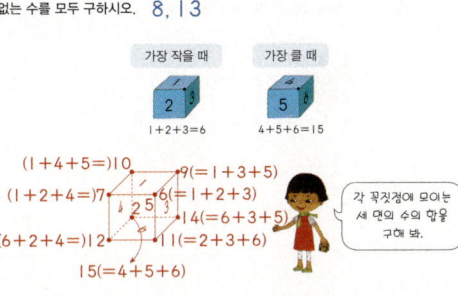

(1+4+5)=10   9(=1+3+5)
(1+2+4)=7   6(=1+2+3)
2 5
(6+2+4)=12   14(=6+3+5)
11(=2+3+6)
15(=4+5+6)

각 꼭짓점에 모이는 세 면의 수의 합을 구해 봐.

📹 동영상 특강
QR 코드를 찍어 보세요!!

3 다음 전개도를 접어 만든 정육면체 주사위를 모두 고르시오. (단, 주사위의 면에 쓰여진 숫자의 방향은 생각하지 않습니다.) ①, ③

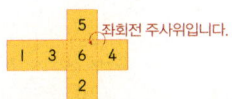

좌회전 주사위입니다.

윗면을 그대로 둔 채 주사위를 돌려 가며 좌회전 주사위를 찾습니다.

① 좌회전 ② 우회전 ③ 좌회전 ④ 우회전

4 다음과 같이 굵은 선이 그어진 투명한 정육면체를 위, 앞, 옆에서 본 모양을 각각 그리시오.

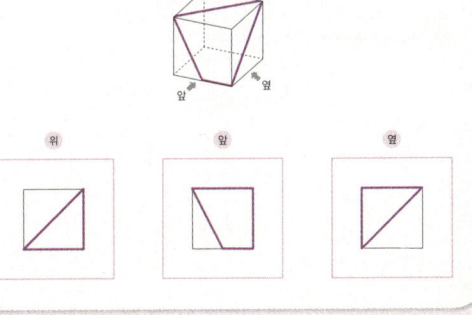

위   앞   옆

10 오일러의 정리

아이들이 책상 위에 놓인 입체도형을 관찰하고 특징을 이야기하고 있습니다.

밑면은 사각형 모양으로 1개 있어. 사각뿔이라 불러.

꼭짓점은 5개, 면도 5개, 모서리는 8개군.

옆면은 4개야. 모두 삼각형 모양이군.

초이 / 태경 / 지오

꼬마 요괴들이 입체도형을 보고 잘못 이야기하고 있습니다.

밑면은 삼각형 모양으로 1개 있어. 사각기둥이야.

꼭짓점은 6개, 면도 4개, 모서리는 9개야.

옆면은 3개야. 모두 삼각형 모양이군.

심안자 요괴 / 만소리 요괴 / 잘난척 요괴

꼬마 요괴들이 관찰한 내용 중 틀린 점을 찾아 바르게 고쳐 보시오.

: 밑면은 삼각형 모양으로 1개 있어. 사각기둥이야. → **삼각기둥**

: 꼭짓점은 6개, 면은 4개, 모서리는 9개야. → **2** / **5**

: 옆면은 3개야. 모두 삼각형 모양이군. → **사각형**

다음 입체도형을 관찰하여 표를 완성하시오.

입체도형	밑면의 모양	입체도형의 이름	꼭짓점의 수	면의 수	모서리의 수	(꼭짓점의 수)+(면의 수)−(모서리의 수)의 값
	삼각형	삼각기둥	6	5	9	2
	사각형	사각뿔	5	5	8	2
	오각형	오각기둥	10	7	15	2
	육각형	육각뿔	7	7	12	2

노크 포인트

각기둥은 밑면의 모양에 따라 삼각기둥, 사각기둥, 오각기둥······이라고 부릅니다.

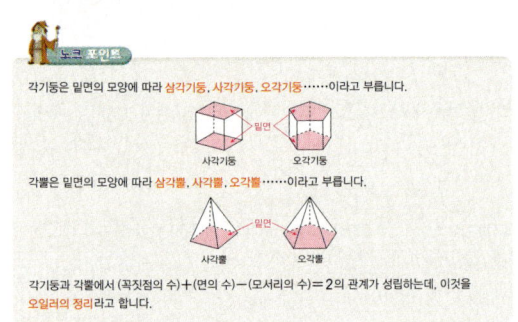

사각기둥   오각기둥

각뿔은 밑면의 모양에 따라 삼각뿔, 사각뿔, 오각뿔······이라고 부릅니다.

사각뿔   오각뿔

각기둥과 각뿔에서 (꼭짓점의 수)+(면의 수)−(모서리의 수)=2의 관계가 성립하는데, 이것을 오일러의 정리라고 합니다.

입체도형 자르기

다음은 정육면체의 꼭짓점과 모서리의 가운데 점을 지나는 평면으로 잘라낸 것입니다.

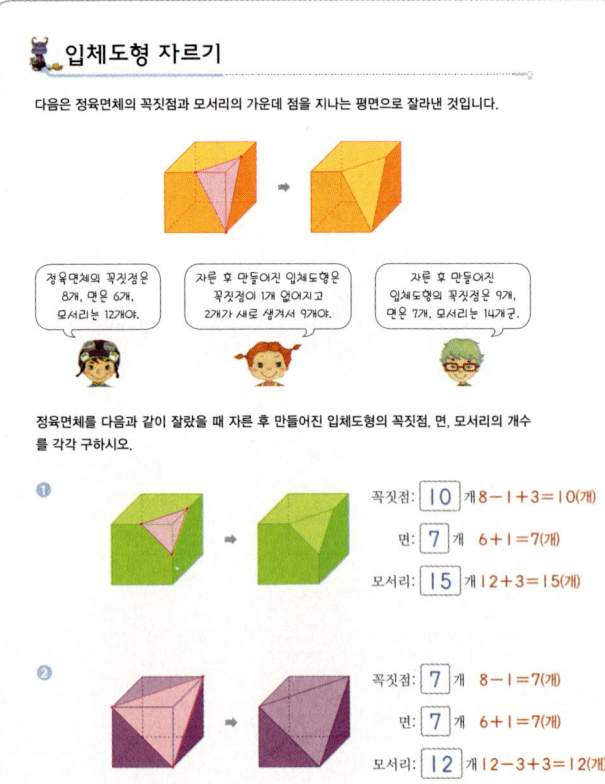

정육면체의 꼭짓점은 8개, 면은 6개, 모서리는 12개야.

자른 후 만들어진 입체도형은 꼭짓점이 1개 없어지고 2개가 새로 생겨서 9개야.

자른 후 만들어진 입체도형의 꼭짓점은 9개, 면은 7개, 모서리는 14개군.

정육면체를 다음과 같이 잘랐을 때 자른 후 만들어진 입체도형의 꼭짓점, 면, 모서리의 개수를 각각 구하시오.

❶

꼭짓점: 10 개 8−1+3=10(개)

면: 7 개 6+1=7(개)

모서리: 15 개 12+3=15(개)

❷

꼭짓점: 7 개 8−1=7(개)

면: 7 개 6+1=7(개)

모서리: 12 개 12−3+3=12(개)

[잘라진 삼각뿔]

1 다음은 삼각뿔의 모서리에 있는 세 점을 지나는 평면으로 잘라낸 것입니다. 자른 후 만들어진 입체도형의 꼭짓점, 면, 모서리의 개수를 각각 구하시오.

꼭짓점: 6 개(=4−1+3)

면: 5 개(=4+1)

모서리: 9 개(=6+3)

[나누어진 각기둥]

2 사각기둥을 다음과 같이 네 점을 지나는 평면으로 잘랐더니 2개의 기둥으로 나누어졌습니다. 두 입체도형의 모서리의 개수의 차를 구하시오. 6개

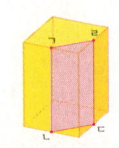

나누어진 입체도형	모서리의 개수
오각기둥	15
삼각기둥	9
개수의 차	6

오일러의 다면체 정리

기둥과 뿔 모양의 입체도형에서 꼭짓점, 면, 모서리를 세어 보면 항상 다음과 같은 식이 성립합니다. 꼭짓점이 16개, 모서리가 24개인 기둥 모양의 입체도형을 알아봅시다.

$$(꼭짓점의 수)+(면의 수)-(모서리의 수)=2$$

꼭짓점과 면의 수의 합에서 모서리의 수를 빼면 항상 2가 되지.

스위스의 수학자 오일러가 발견한 것으로 오일러의 정리라고 해.

❶ 오일러의 정리를 이용하여 면의 개수를 구하시오. **10개**
$$16+(면의 수)-24=2$$
$$(면의 수)=10$$

❷ 기둥 모양의 입체도형은 평행한 밑면이 2개입니다. 옆면은 몇 개입니까? **8개**
$$10-2=8(개)$$

❸ 옆면이 8개인 각기둥의 밑면의 모양을 그리고, 입체도형의 이름을 쓰시오.
각기둥의 밑면의 변의 수는 옆면의 수와 같습니다.
따라서 밑면은 변의 수가 8개인 팔각형입니다.
◯ , 팔각기둥

[모서리의 개수]

1 어떤 입체도형의 꼭짓점은 8개, 면은 6개입니다. 이 입체도형의 모서리는 몇 개입니까? **12개**
$$8+6-(모서리의 수)=2$$
$$(모서리의 수)=12개$$

$$(꼭짓점의 수)+(면의 수)$$
$$-(모서리의 수)=2$$

[면의 개수가 같은 기둥과 뿔]

2 꼭짓점이 6개, 모서리가 10개인 뿔 모양의 입체도형과 면의 수가 같은 기둥 모양의 입체도형을 찾아 이름을 쓰시오. **사각기둥**
오일러의 정리에 의하여
$$(꼭짓점의 수)+(면의 수)-(모서리의 수)=2$$
$$6+(면의 수)-10=2$$
$$(면의 수)=6입니다.$$
면이 6개인 뿔 모양의 입체도형은 밑면이 1개, 옆면이 5개인 오각뿔이고, 면이 6개인 기둥 모양의 입체도형은 밑면이 2개, 옆면이 4개인 사각기둥입니다.

오일러의 정리를 이용하여 면의 개수를 구해 봐.

---

(11) 입체도형의 전개도

정육면체의 전개도를 다음과 같이 정사각형 한 면을 4조각으로 잘라서 4개의 면에 붙여 만들 수도 있습니다.

정사각형이 아닌 다른 모양으로 여러 가지 정육면체의 전개도를 만들 수 있어.

윗면과 아랫면을 모두 4조각으로 자른 정육면체의 전개도야.

다음은 정육면체 전개도의 윤곽선입니다. 접히는 부분을 점선으로 나타내시오.

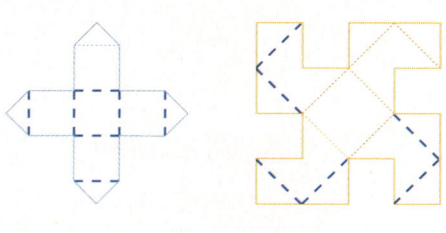

◈ 다음 입체도형의 전개도를 찾아 선으로 이으시오.

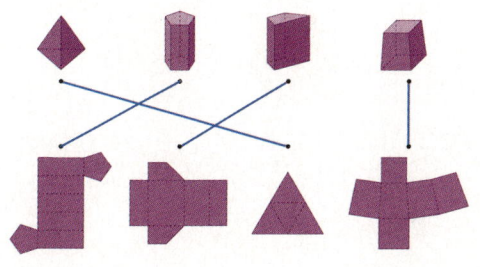

토론 포인트

입체도형의 모서리를 잘라서 펼쳐 놓은 그림을 입체도형의 전개도라고 합니다. 전개도를 접을 때 서로 만나는 선분의 길이는 같습니다.

입체도형의 전개도는 자르는 방법에 따라 다양한 모양이 있습니다. 복잡한 입체도형의 전개도를 그릴 때에는 앞면 또는 뒷면을 이루는 모서리를 잘라 봅니다.

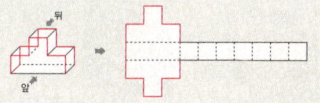

---

18 D7 입체도형

84 85

🛡 전개도를 접은 모양

주어진 전개도를 접어서 만들 수 있는 입체도형을 찾아 ○표 하시오.

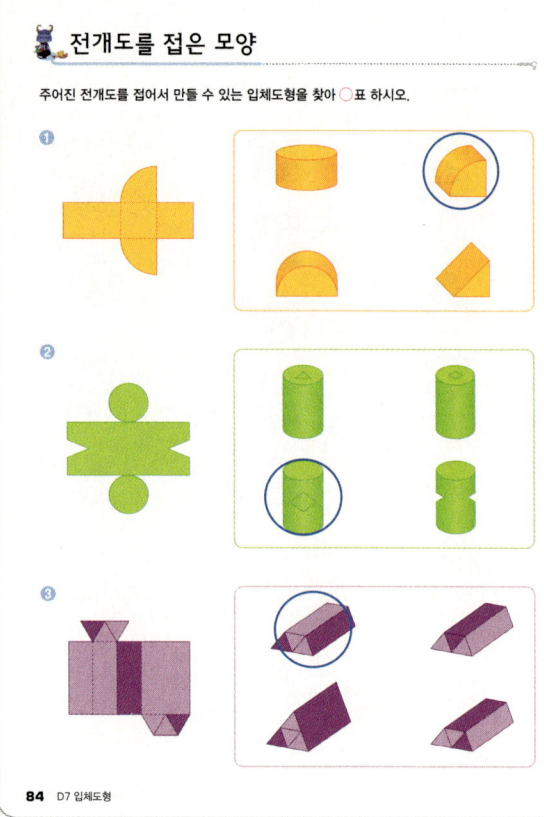

[전개도와 겨냥도]

1 주어진 전개도를 접어서 만들 수 있는 입체도형의 기호를 쓰시오.

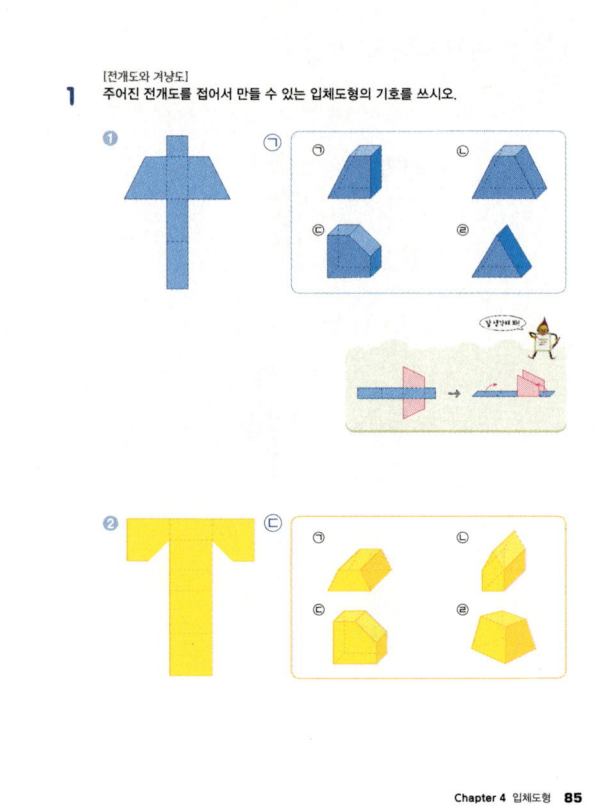

86 87

🦉 입체도형의 전개도 그리기

다음 입체도형의 전개도를 2가지 방법으로 그려 봅시다.

빨간색으로 표시된 모서리를 자르면

❶ 색칠된 면을 전개도로 그린 것입니다. 나머지 부분을 그려 전개도를 완성하시오.

❷ 다른 방법으로 색칠된 면과 빗금 친 면을 전개도로 그렸습니다. 전개도를 완성하시오.

[삼각기둥의 전개도]

1 다음 삼각기둥의 전개도를 완성하시오.

3 cm 4 cm
2 cm
5 cm

예
1 cm
1 cm

여러 가지 답이 있습니다.

[계단 모양 전개도]

2 다음 입체도형의 전개도를 완성하시오.

예

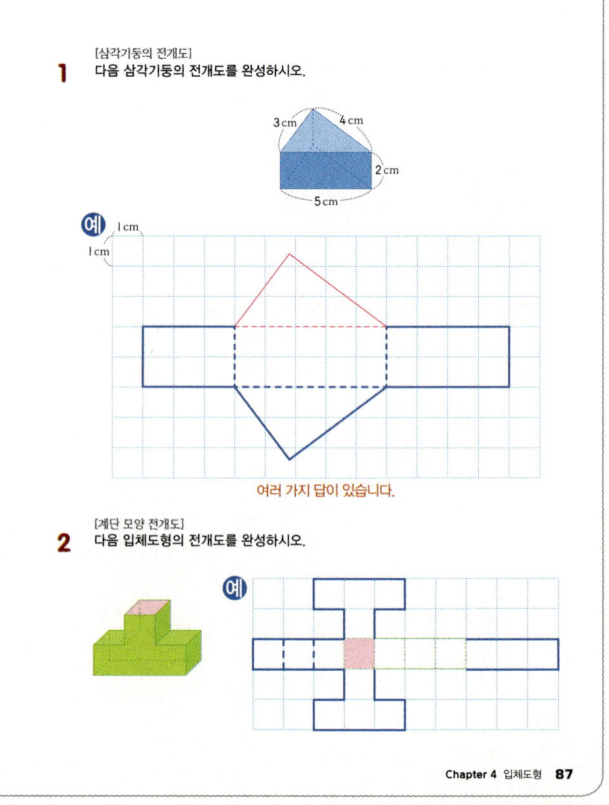

정답 및 해설 **19**

12 입체도형의 투상도

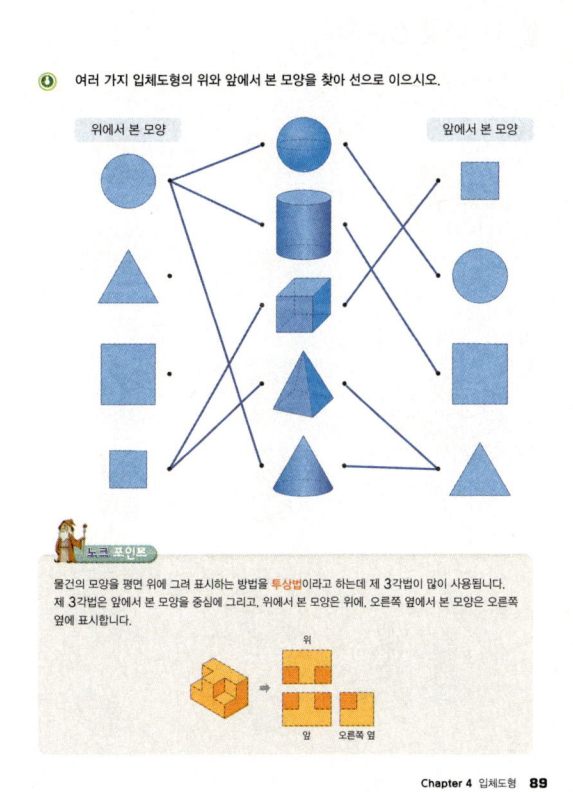

여러 가지 입체도형의 위와 앞에서 본 모양을 찾아 선으로 이으시오.

위에서 본 모양   앞에서 본 모양

노크 포인트

물건의 모양을 평면 위에 그려 표시하는 방법을 **투상법**이라고 하는데 제 3각법이 많이 사용됩니다. 제 3각법은 앞에서 본 모양을 중심에 그리고, 위에서 본 모양은 위에, 오른쪽 옆에서 본 모양은 오른쪽 옆에 표시합니다.

위
앞   오른쪽 옆

위와 앞에서 본 모양

왼쪽 입체도형을 위와 앞에서 본 모양을 각각 그린 것입니다.

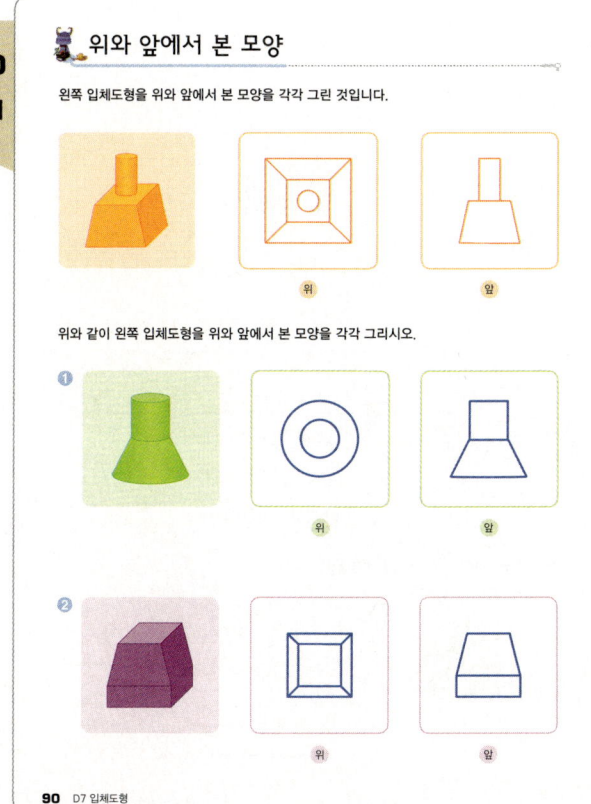

위   앞

위와 같이 왼쪽 입체도형을 위와 앞에서 본 모양을 각각 그리시오.

❶

위   앞

❷

위   앞

[앞에서 본 모양]

1 다음 입체도형을 앞에서 보았을 때의 모양을 찾아 ○표 하시오.

앞

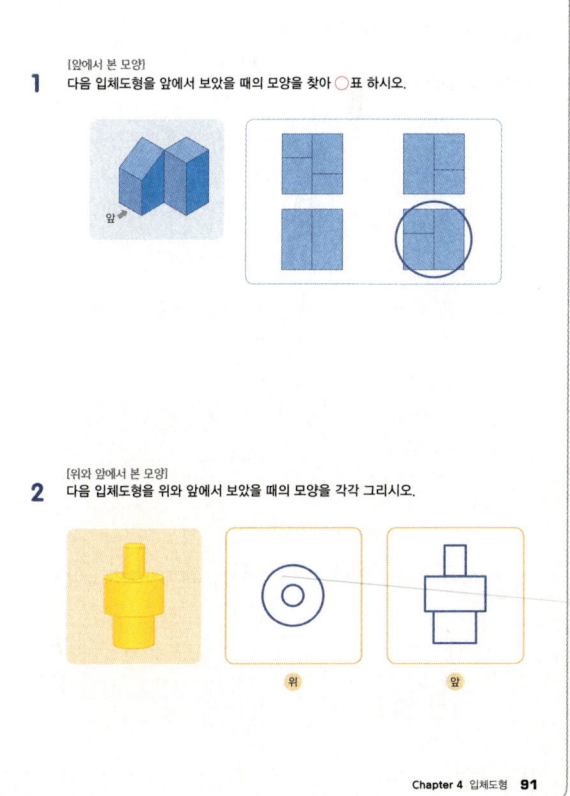

[위와 앞에서 본 모양]

2 다음 입체도형을 위와 앞에서 보았을 때의 모양을 각각 그리시오.

위   앞

위, 앞, 옆에서 본 모양

여러 가지 입체도형을 위, 앞, 옆에서 본 모양을 그려 보시오.

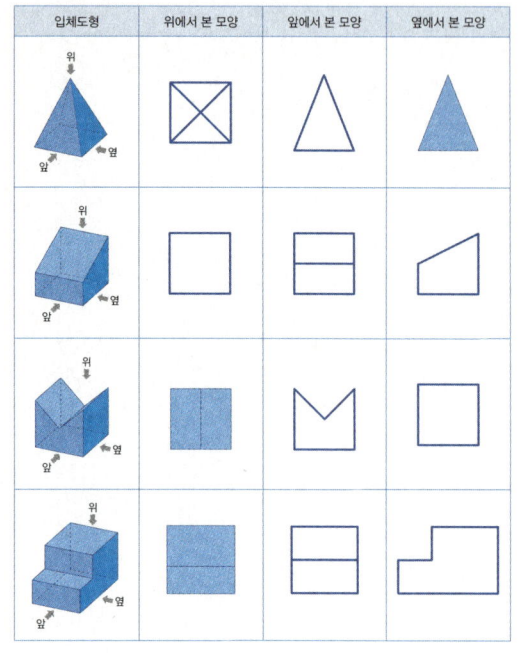

입체도형	위에서 본 모양	앞에서 본 모양	옆에서 본 모양

[위, 앞, 옆 모양]

1 오른쪽 입체도형의 위, 앞, 옆에서 본 모양을 순서없이 나열한 것입니다. □ 안에 위, 앞, 옆을 알맞게 써넣으시오.

앞　　　　옆　　　　위

[위, 앞, 옆 모양 그리기]

2 다음 입체도형을 위, 앞, 옆에서 본 모양을 그리시오.

위　　　　앞　　　　옆

창의적 문제해결력

1 다음 정육면체를 꼭짓점 4개를 지나는 평면으로 잘랐습니다. 잘라진 두 입체도형의 모서리는 모두 몇 개입니까?　18개

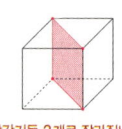

삼각기둥 2개로 잘라집니다.
$9+9=18$(개)

2 다음 전개도를 접었을 때의 모양을 찾아 기호를 쓰시오.

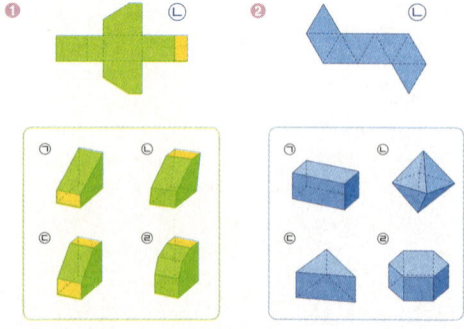

동영상 특강
QR 코드를 찍어 보세요

3 밑면의 모양이 다음과 같은 각기둥의 모서리는 모두 몇 개입니까?　18개

육각기둥의 모서리는 모두 $6×3=18$(개)입니다.

4 다음 입체도형의 위, 앞, 옆에서 본 모양을 빈 곳에 그리시오.

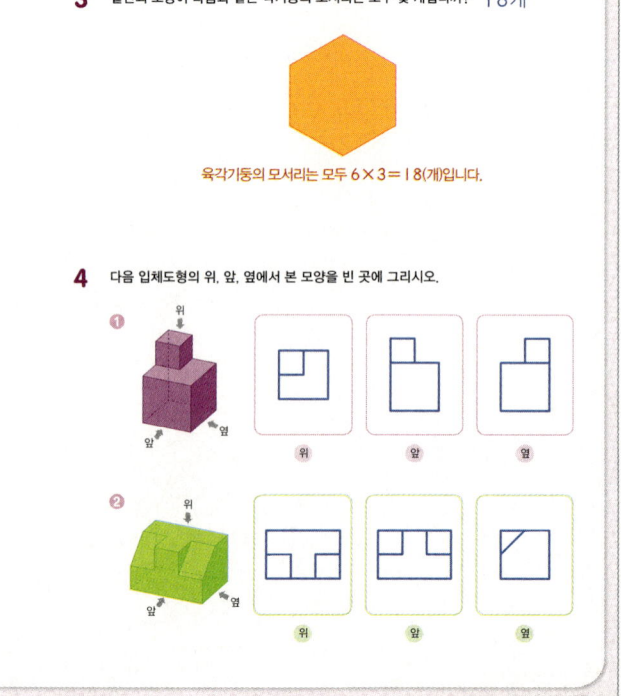

❶　위　　앞　　옆

❷　위　　앞　　옆

정답 및 해설　**21**

MEMO

MEMO